PLÄTZCHEN
COOKIES & CO.

DIE BESTEN REZEPTE

02

03

01

04

INHALT

01

PLÄTZCHEN & COOKIES

ZIMTSTERNE
MIT MANDELN

ZUBEREITUNG

01. Die Eiweiße zu einem steifen Schnee schlagen, dabei nach und nach den Puderzucker einrieseln lassen. Für die Glasur etwa 1 Tasse Eischnee abnehmen und zugedeckt kühl stellen.

02. Von den Mandeln 300 g abwiegen, mit der Zitronenschale und dem Zimt mischen und portionsweise mit dem Teigschaber unter den restlichen Eischnee heben. Die Mandel-Zimt-Masse zugedeckt etwa 1 Stunde kühl stellen.

03. Den Backofen auf 150 °C vorheizen. Ein Backblech mit Backpapier auslegen. Die Arbeitsfläche mit den restlichen Mandeln bestreuen und die Mandel-Zimt-Masse darauf etwa 6 mm dick ausrollen.

04. Aus der Masse mit Ausstechern Sterne in verschiedenen Größen ausstechen, die Förmchen dabei zwischendurch in heißes Wasser tauchen. Die Zimtsterne auf das Blech setzen und gleichmäßig mit der Eischneeglasur überziehen.

05. Die Zimtsterne im Ofen auf der mittleren Schiene etwa 25 Minuten (je nach Größe) backen. Die Plätzchen sollten innen noch weich und die Oberfläche weiß sein. Herausnehmen und auf dem Kuchengitter abkühlen lassen.

———

TIPP — *Nüsse, Mandeln und Co. kaufen Sie am besten ganz und mahlen sie erst bei Bedarf frisch im Blitzhacker oder in der Küchenmaschine, denn sie verlieren rasch an Aroma.*

ZUTATEN
FÜR CA. 40 STÜCK

+ 3 Eiweiß
+ 200 g Puderzucker
+ 350 g gemahlene Mandeln
+ 1 TL abgeriebene Schale von 1 Bio-Zitrone
+ 2 TL Zimtpulver

ERDNUSSBUTTERKEKSE
MIT SCHOKOLADE

ZUTATEN FÜR CA. 35 STÜCK

+ 300 g Mehl
+ 100 g Zucker
+ 1 Ei
+ 125 g Erdnussbutter
+ 75 g kalte Butter
+ Mehl für die Arbeitsfläche
+ ca. 35 Vollmilch-Schokotropfen

ZUBEREITUNG

01. Das Mehl mit dem Zucker mischen, auf die Arbeitsfläche häufen, in die Mitte eine Mulde drücken, das Ei hineingeben und die Erdnussbutter in Stücken dazugeben. Die kalte Butter in Stücke schneiden und um die Mulde herum verteilen. Alles mit den Händen rasch zu einem glatten Teig verkneten, zu einer Kugel formen und in Frischhaltefolie gewickelt 30 Minuten kühl stellen.

02. Den Backofen auf 180 °C vorheizen. Ein Backblech mit Backpapier belegen. Den Teig auf der bemehlten Arbeitsfläche nochmals durchkneten, zu einer Rolle (etwa 2 cm Durchmesser) formen, in 1 cm breite Scheiben schneiden, diese zu Kugeln formen und auf das Blech setzen. Mit dem Ende eines Holzlöffelstiels kleine Mulden in die Teigkugeln drücken und im Ofen auf der mittleren Schiene etwa 10 Minuten backen.

03. Herausnehmen und sofort jeweils einen Schokotropfen in die Mulde setzen. Die Erdnussbutterkekse mit dem Backpapier vom Blech ziehen und auskühlen lassen.

KOKOSMAKRONEN
MIT ORANGENAROMA

ZUTATEN FÜR CA. 40 STÜCK

+ **140 g Kokosraspel**
+ **120 g Zucker**
+ **1 Päckchen Vanillezucker**
+ **abgeriebene Schale von ½ Bio-Orange**
+ **2 Eiweiß**
+ **2 TL Zitronensaft**
+ **100 g dunkle Kuvertüre**

ZUBEREITUNG

01. Den Backofen auf 120 °C vorheizen. Ein Backblech mit Backpapier auslegen. Die Kokosraspel mit der Hälfte des Zuckers, dem Vanillezucker und der Orangenschale mischen.

02. Die Eiweiße mit dem Zitronensaft in einer Schüssel zu steifem Schnee schlagen, dabei nach und nach den restlichen Zucker einrieseln lassen. So lange weiterschlagen, bis sich der Zucker aufgelöst hat. Die Kokosmischung portionsweise mit dem Teigschaber vorsichtig unter den Eischnee heben.

03. Von der Masse mit zwei nassen Teelöffeln walnussgroße Portionen abnehmen, zu Häufchen formen, mit etwa 3 cm Abstand zueinander auf das Blech setzen und etwas flach drücken. Die Kokosmakronen im Ofen auf der mittleren Schiene etwa 10 Minuten backen. Herausnehmen und auf dem Kuchengitter vollständig abkühlen lassen.

04. Die Kuvertüre hacken und in einer Metallschüssel im heißen Wasserbad unter Rühren schmelzen lassen. In einen Gefrierbeutel füllen, eine kleine Ecke abschneiden und die Kokosmakronen mit Schokotropfen verzieren.

SPITZBUBEN
MIT HIMBEERKONFITÜRE

ZUBEREITUNG

01. Für den Teig Mehl, Butter, Puderzucker, Zitronen-schale, Vanillemark, 1 Prise Salz und Eigelb verkneten. Den Teig zu einer Kugel formen, in Frischhaltefolie wickeln und mindestens 1 Stunde (besser über Nacht) kühl stellen.

02. Den Backofen auf 180 °C vorheizen. Ein Backblech mit Backpapier auslegen. Den Teig auf der bemehlten Arbeits-fläche 3 mm dick ausrollen und mit einer Ausstechform Herzen ausstechen. Bei der Hälfte der Herzen jeweils in der Mitte mit einer kleineren Ausstechform nochmals Herzen ausstechen. Alle Plätzchen auf das Blech legen und im Ofen auf der mittleren Schiene 8 bis 10 Minuten goldgelb backen.

03. Die Plätzchen mit ausgestochenen Herzen sofort mit Puderzucker bestäuben. Die restlichen Herzen auskühlen lassen und mit einem Spritzbeutel einen Klecks glatt ge-rührte Konfitüre oder Gelee aufspritzen.

04. Die Plätzchen mit ausgestochenen Herzen erneut mit Puderzucker bestäuben und mittig auf die Plätzchen mit Konfitüre setzen.

———

TIPP — *Für eine zitronige Variante können Sie auch 2 gestri-chene TL abgeriebene Bio-Zitronenschale unter den Teig rühren und die Spitzbuben statt mit Himbeerkonfitüre mit Lemon Curd füllen.*

ZUTATEN FÜR CA. 40 STÜCK

FÜR DEN TEIG:
+ **300 g Mehl**
+ **200 g weiche Butter**
+ **80 g Puderzucker**
+ **1 Msp. abgeriebene Bio-Zitronenschale**
+ **1 Msp. Vanillemark**
+ **Salz**
+ **1 Eigelb**

AUSSERDEM:
+ **Mehl für die Arbeitsfläche**
+ **ca. 100 g Puderzucker**
+ **100 g Himbeerkonfitüre oder -gelee**

HASELNUSSKIPFERL
MIT VANILLEZUCKER

ZUTATEN FÜR CA. 60 STÜCK

+ **75 g gemahlene Haselnüsse**
+ **225 g Mehl**
+ **110 g Puderzucker**
+ **Salz**
+ **abgeriebene Schale von ½ Bio-Zitrone**
+ **Mark von 2 Vanilleschoten**
+ **200 g kalte Butter**
+ **2—3 EL Vanillezucker**

ZUBEREITUNG

01. Die Haselnüsse in einer Pfanne ohne Fett anrösten und abkühlen lassen.

02. Das Mehl mit Nüssen, 75 g Puderzucker, 1 Prise Salz, Zitronenschale und Vanillemark mischen und auf die Arbeitsfläche häufen. Die Butter in Stücke schneiden, zur Mehlmischung geben und alles mit kühlen Händen rasch zu einem glatten Teig verkneten. Zu Rollen von etwa 3 cm Durchmesser formen, in Frischhaltefolie wickeln und etwa 2 Stunden kühl stellen.

03. Den Backofen auf 180 °C vorheizen. Ein Backblech mit Backpapier auslegen. Von den Teigrollen etwa 1 cm dicke Scheiben abschneiden und zu Kipferl formen. Auf das Blech setzen und im Ofen auf der mittleren Schiene 10 bis 12 Minuten hell backen.

04. Den Vanillezucker und den restlichen Puderzucker mischen. Die Kipferl aus dem Ofen nehmen und noch warm vorsichtig im Vanillezucker wenden. Achtung, sie brechen sehr leicht!

MOKKAKÜSSCHEN
MIT DUNKLER SCHOKOLADE

ZUTATEN FÜR CA. 45 STÜCK

+ **150 g Mandelstifte**
+ **120 g dunkle Schokoladenraspel**
+ **1 TL Espressopulver (Instant)**
+ **3 Eiweiß**
+ **150 g Puderzucker**
+ **Salz**

ZUBEREITUNG

01. Den Backofen auf 140 °C vorheizen. Ein Backblech mit Backpapier auslegen. Die Mandelstifte in einer Pfanne ohne Fett goldgelb anrösten, vom Herd nehmen und auskühlen lassen. 2 EL von den Mandeln und den Schokoladenraspeln zum Verzieren beiseitestellen. Die übrigen Mandeln mit den restlichen Schokoladenraspeln und dem Espressopulver in einer Schüssel mischen.

02. Die Eiweiße steif schlagen, dabei den Zucker und 1 Prise Salz langsam einrieseln lassen. So lange weiterschlagen, bis die Eiweißmasse anfängt zu glänzen und weiche Spitzen bildet.

03. Die Mandeln unter den Eischnee heben und mit zwei nassen Teelöffeln kleine Häufchen von der Eiweißmasse abstechen. Mit etwas Abstand zueinander auf das Backblech setzen, mit den restlichen Mandeln und Schokoraspeln bestreuen und im Ofen auf der mittleren Schiene 15 bis 20 Minuten backen. Die Mokkaküsschen herausnehmen und auf dem Kuchengitter vollständig abkühlen lassen.

BETHMÄNNCHEN
KLASSISCHE ART

ZUBEREITUNG

01. Zwei Eiweiße mit dem Puderzucker und 1 Prise Salz steif schlagen. Das Marzipan auf der Küchenreibe sehr fein raspeln, mit dem Rum glatt rühren und mit den gemahlenen Mandeln unter den Eischnee heben. Die Masse zu einem geschmeidigen Teig verkneten. Den Teig zur Rolle formen und in Frischhaltefolie gewickelt mindestens 30 Minuten kühl stellen.

02. Den Backofen auf 180°C vorheizen. Ein Backblech mit Backpapier auslegen. Von der Teigrolle kleine Stücke abstechen und zu kirschgroßen, leicht ovalen Kugeln formen. Die Mandeln mit einem Messer längs halbieren.

03. Das restliche Eiweiß kräftig verquirlen. Die Mandelhälften an den Schnittflächen mit etwas Eiweiß bestreichen und an jede Teigkugel jeweils 3 Mandelhälften drücken. Die Teigkugeln auf das Backblech setzen und im Ofen auf der mittleren Schiene etwa 20 Minuten backen.

04. Die Bethmännchen aus dem Ofen nehmen und auf dem Kuchengitter abkühlen lassen.

TIPP — *Verpacken Sie die Bethmännchen kühl und dunkel in Vorratsdosen, damit die Marzipanmasse nicht austrocknet. Besonders raffiniert wird es, wenn Sie die Mandel- durch Pekannusshälften ersetzen.*

ZUTATEN
FÜR CA. 35 STÜCK

+ **3 Eiweiße**
+ **150 g Puderzucker**
+ **Salz**
+ **150 g Marzipanrohmasse**
+ **4 cl Rum**
+ **200 g geschälte gemahlene Mandeln**
+ **100 g geschälte Mandeln**

SCHWARZ-WEISS-GEBÄCK
MIT KAKAO UND VANILLE

ZUTATEN FÜR CA. 50 STÜCK

+ **150 g weiche Butter**
+ **70 g Zucker**
+ **1 TL gemahlene Vanille**
+ **Salz • 1 EL Milch**
+ **250 g Mehl**
+ **1½ EL Kakaopulver**
+ **Mehl für die Arbeitsfläche**
+ **1 Eiweiß**

ZUBEREITUNG

01. Die Butter mit dem Zucker, der Vanille, 1 Prise Salz und der Milch in einer Schüssel mit den Quirlen des Handrührgeräts cremig rühren. Das Mehl hinzufügen und alles zu einem glatten Teig verkneten. Den Teig halbieren und eine Hälfte mit dem Kakao verkneten. Die Teighälften getrennt zu Kugeln formen, in Frischhaltefolie wickeln und 1 Stunde kühl stellen.

02. Den hellen und den dunklen Teig auf der leicht bemehlten Arbeitsfläche jeweils zu einem etwa 1 cm dicken Rechteck ausrollen. Die Rechtecke längs halbieren, sodass 2 helle und 2 dunkle gleich große Teigplatten vorliegen.

03. Die hellen und dunklen Teigplatten abwechselnd aufeinanderlegen, dabei auf den „Klebeflächen" mit verquirltem Eiweiß bestreichen. Den schwarz-weißen Teigblock mit Frischhaltefolie zugedeckt mindestens 1 Stunde kühl stellen.

04. Den Backofen auf 180 °C vorheizen. Ein Backblech mit Backpapier auslegen. Den Teigblock in 6 cm breite Streifen und diese quer in 1 cm dicke Scheiben schneiden. Das Schwarz-Weiß-Gebäck auf das Blech legen. Im Ofen auf der mittleren Schiene 10 bis 12 Minuten backen.

PINIENKERNPLÄTZCHEN
MIT VANILLE

ZUTATEN FÜR CA. 30 STÜCK

+ **1 Vanilleschote**
+ **200 g Butter**
+ **Salz**
+ **50 g Puderzucker**
+ **200 g Mehl**
+ **4 EL brauner Zucker**
+ **50 g Pinienkerne**

ZUBEREITUNG

01. Den Backofen auf 180 °C vorheizen. Ein Backblech mit Backpapier auslegen. Die Vanilleschote längs aufschneiden und das Mark mit einem spitzen Messer herauskratzen.

02. Die Butter mit dem Vanillemark, 1 Prise Salz und dem Puderzucker mit den Quirlen des Handrührgeräts cremig rühren. Das Mehl löffelweise hinzufügen und gut unterrühren.

03. Mit einem Teelöffel walnussgroße Portionen vom Teig abnehmen, mit ausreichend Abstand zueinander auf das Backblech legen und flach drücken. Mit dem braunen Zucker und den Pinienkernen bestreuen.

04. Im Ofen auf der mittleren Schiene etwa 12 Minuten hell backen. Die Pinienkernplätzchen herausnehmen und auf dem Kuchengitter abkühlen lassen.

SANDPLÄTZCHEN
UND KNUSPERKEKSE

ZUBEREITUNG

01. Für die Sandplätzchen den Backofen auf 200 °C vorheizen. Ein Backblech mit Backpapier auslegen. Die Butter in einem Topf schmelzen lassen, in eine Schüssel geben und bei Zimmertemperatur 10 Minuten abkühlen lassen.

02. Den Zucker, 1 Prise Salz und die Vanille mit der Butter hellcremig rühren. Mehl und Backpulver mischen und mit der Butter-Zucker-Mischung zu einem glatten Teig verkneten. Vom Teig haselnussgroße Portionen abnehmen, zu ovalen Bällchen formen und auf ein mit Backpapier ausgelegtes Backblech setzen. Dünn mit Ei bestreichen, mit Mandeln bestreuen und mit einem Messer längs einschneiden. Backofentemperatur auf 180 °C herunterschalten und die Plätzchen darin auf der mittleren Schiene 10 bis 15 Minuten hell backen.

03. Für die Knusperkekse den Backofen auf 180 °C vorheizen. Ein Backblech mit Backpapier auslegen. Beide Nusssorten und die Mandeln auf dem Blech verteilen und im Ofen auf der mittleren Schiene etwa 10 Minuten rösten. Herausnehmen und auf dem heißen Blech warm halten. Backofen nicht ausschalten.

04. Den Zucker in einem Topf bei schwacher Hitze goldbraun karamellisieren. Butter unterrühren und Nüsse und Mandeln dazugeben (das Blech im Ofen warm halten). Mit einem Kochlöffel so lange rühren, bis die Nussmischung gleichmäßig mit der Zuckermasse umhüllt ist. Das Blech aus dem Ofen nehmen, die Nussmischung (Achtung, heiß!) daraufgießen und sofort mit zwei nassen Teelöffeln zu Häufchen formen. Auf Backpapier fest werden lassen.

05. Die Kuvertüre und die Glasur hacken. In einer Metallschüssel im heißen Wasserbad unter Rühren schmelzen lassen. Die Knusperkekse mit der Unterseite in die Kuvertüre tauchen und auf Backpapier fest werden lassen.

ZUTATEN
FÜR CA. 20 BZW. 35 STÜCK

FÜR DIE SANDPLÄTZCHEN:

+ 100 g Butter
+ 80 g Zucker • Salz
+ ½ TL gemahlene Vanille
+ 150 g Mehl
+ 1 TL Backpulver
+ 1 verquirltes Ei
+ 50 g gehackte Mandeln

FÜR DIE KNUSPERKEKSE:

+ je 100 g gehackte Walnüsse und Haselnüsse
+ 100 g gehackte geschälte Mandeln
+ 300 g Zucker
+ 65 g Butter
+ 200 g dunkle Kuvertüre
+ 50 g dunkle Kuchenglasur

MOHNPLÄTZCHEN
MIT WEISSER SCHOKOLADE

ZUTATEN FÜR CA. 50 STÜCK

+ **200 g Mehl**
+ **80 g Mohnsamen**
+ **150 g weiche Butter**
+ **200 g Zucker**
+ **abgeriebene Schale von einer ¼ Bio-Orange**
+ **Salz**
+ **2 Eier**
+ **200 g weiße Schokolade**

ZUBEREITUNG

01. Den Backofen auf 180 °C vorheizen. Ein Backblech mit Backpapier auslegen. Das Mehl mit dem Mohn in einer Schüssel mischen. Erst die Butter und den Zucker mit den Quirlen des Handrührgeräts schaumig rühren. Dann unter Rühren die Orangenschale, 1 Prise Salz und die Eier hinzufügen. Die Mehl-Mohn-Mischung löffelweise unter die Buttermasse heben.

02. Die Schokolade mit einem großen Messer in grobe Stücke hacken und zur Teigmasse hinzufügen. Mit einem Teelöffel haselnussgroße Portionen vom Teig abnehmen und mit genügend Abstand zueinander in Häufchen auf das Backblech setzen.

03. Im Ofen auf der mittleren Schiene etwa 10 Minuten hell backen. Die Mohnplätzchen herausnehmen und auf dem Kuchengitter abkühlen lassen.

LAVENDELPLÄTZCHEN
MIT MANDELN

ZUTATEN FÜR CA. 50 STÜCK

+ **250 g Butter**
+ **75 g Zucker**
+ **50 Puderzucker**
+ **1–2 EL getrocknete Lavendelblüten (zerrieben)**
+ **125 g gemahlene weiße Mandeln**
+ **400 g Mehl**
+ **Sahne**
+ **Mehl zum Verarbeiten**
+ **Lavendelzucker (Fertigprodukt oder selbst gemacht, siehe Step 4)**

ZUBEREITUNG

01. Den Backofen auf 150 °C vorheizen. Ein Backblech mit Backpapier auslegen. Die Butter mit dem Zucker schaumig rühren, den Puderzucker dazusieben und mit den Lavendelblüten zu einer cremigen Masse verrühren.

02. Die Mandeln und das Mehl löffelweise unterrühren, bis ein gut formbarer Teig entsteht. Falls nötig, etwas Sahne hinzufügen. Vom Teig walnussgroße Stücke abstechen und mit bemehlten Händen zu Kugeln rollen. Den Lavendelzucker in einer Schale bereitstellen.

03. Die Teigkugeln auf die Arbeitsplatte setzen, flach drücken und mit einer Seite im Zucker wälzen. Mit der gezuckerten Seite nach oben auf das Backblech legen und im Ofen auf der mittleren Schiene etwa 15 Minuten hell backen. Herausnehmen und auf dem Kuchengitter abkühlen lassen.

04. Lavendelzucker lässt sich leicht selbst herstellen: 500 g Zucker mit 1 Handvoll getrocknetem Lavendel mischen und gut verschlossen 2 bis 3 Tage aromatisieren lassen.

ZIMTSCHNECKEN
MIT ZUCKER UND FRISCHKÄSE

ZUBEREITUNG

01. Für den Teig die Butter mit dem Frischkäse in einer Schüssel mit den Quirlen des Handrührgeräts verrühren. 80 g Zucker, den Vanillezucker und das Eigelb hinzufügen und unterrühren. Das Mehl und das Backpulver mischen, über die Buttermasse sieben und unterrühren.

02. Den Teig zwischen zwei Lagen Frischhaltefolie zu einem Rechteck (etwa 20 × 30 cm) ausrollen. Die obere Frischhaltefolie abziehen und den Teig mit der zerlassenen Butter bestreichen. Den restlichen Zucker und den Zimt mischen und den Teig großzügig damit bestreuen. Etwa 1 EL Zimtzucker auf einem großen Teller beiseitestellen.

03. Das Teigrechteck mithilfe der Frischhaltefolie von der schmalen Seite her fest aufrollen, die Teigrolle rundum im restlichen Zimtzucker wälzen, in die Folie wickeln und 3 Stunden kühl stellen.

04. Den Backofen auf 180 °C vorheizen. Ein Backblech mit Backpapier auslegen. Die Teigrolle in etwa ½ cm dicke Scheiben schneiden und auf das Blech legen. Im Ofen auf der mittleren Schiene etwa 12 Minuten hell backen. Die Zimtschnecken herausnehmen und auf dem Kuchengitter abkühlen lassen.

ZUTATEN
FÜR CA. 40 STÜCK

+ 60 g weiche Butter
+ 50 g Frischkäse
+ 140 g Zucker
+ 1 Päckchen Vanillezucker
+ 1 Eigelb
+ 180 g Mehl
+ 1 Msp. Backpulver
+ ca. 2 EL flüssige Butter
+ 2 TL Zimtpulver

TIPP — *Echter Zimt, auch Ceylon-Zimt genannt, wird aus den Stücken der Außenrinde des Zimtbaums von Hand geschält und gerollt. Gemahlener Ceylon-Zimt hat ein intensives, zartbitteres Aroma.*

MARZIPANKRINGEL
MIT APRIKOSENFÜLLUNG

ZUTATEN FÜR CA. 40 STÜCK

+ 100 g Marzipanrohmasse
+ 150 g weiche Butter
+ 100 g Zucker
+ 3 Eier
+ 250 g Mehl
+ 50 g geschälte gemahlene Mandeln
+ 100 g Aprikosenkonfitüre
+ Puderzucker zum Bestäuben

ZUBEREITUNG

01. Den Backofen auf 180 °C vorheizen. Ein Backblech mit Backpapier auslegen. Das Marzipan in Würfel schneiden. Die Butter mit dem Zucker und dem Marzipan in einer Schüssel mit den Quirlen des Handrührgeräts etwa 2 Minuten schaumig schlagen.

02. Die Eier nacheinander unterrühren. Das Mehl und die Mandeln mischen und zuletzt unterheben. Den Teig in einen Spritzbeutel mit großer Lochtülle füllen und als Kringel (à etwa 6 cm Durchmesser) auf das Blech spritzen.

03. Die Marzipankringel im Ofen auf der mittleren Schiene etwa 15 Minuten backen. Herausnehmen und auf dem Kuchengitter abkühlen lassen.

04. Die Konfitüre in einem Topf erwärmen und glatt rühren. Die Hälfte der Plätzchen auf der Unterseite damit bestreichen und mit den restlichen Plätzchen zusammensetzen. Die Marzipankringel leicht mit Puderzucker bestäuben.

ZIMT-NUSS-BÄLLCHEN
MIT ZUCKERGUSS

ZUTATEN FÜR CA. 45 STÜCK

+ **2 Eiweiß**
+ **125 g Zucker**
+ **½ TL Zimtpulver**
+ **125 g gemahlene Haselnüsse**
+ **ca. 45 Haselnüsse**

ZUBEREITUNG

01. Den Backofen auf 150 °C Umluft vorheizen. Zwei Backbleche mit Backpapier auslegen.

02. Die Eiweiße zu einem steifen Schnee schlagen, dabei nach und nach den Zucker einrieseln lassen. Für die Glasur etwa 3 EL steifen Eischnee abnehmen und beiseitestellen.

03. Den Zimt und die gemahlenen Nüsse zur restlichen Eiweißmasse geben und unterheben. Mit Hilfe von zwei Teelöffeln kleine Kugeln abnehmen und auf die Bleche setzen. Jeweils mit etwas der beiseitegestellten Eiweißglasur beträufeln und eine Nuss in die Mitte setzen.

04. Die Zimt-Nuss-Bällchen im Ofen auf der mittleren Schiene etwa 25 Minuten backen. Herausnehmen und auf einem Kuchengitter abkühlen lassen. Die Zimt-Nuss-Bällchen luftdicht verpackt aufbewahren.

GLÜHWEINSTERNE
MIT SCHUSS

ZUBEREITUNG

01. Für das Gelee den Rotwein erhitzen (nicht kochen!), das Glühweingewürz in einem Einweg-Teebeutel hinzufügen und 20 Minuten ziehen lassen. Den Beutel herausnehmen, Gelierzucker und Zitronensaft dazugeben, aufkochen und unter Rühren 4 Minuten kochen lassen. Wenn die Masse geliert ist, vom Herd nehmen und abkühlen lassen.

02. Für den Teig das Mehl mit Zucker, Vanillezucker, Butter, Ei und gemahlenen Haselnüssen mit kühlen Händen rasch verkneten. Den Teig zu einer Kugel formen, in Frischhaltefolie wickeln und 30 Minuten kühl stellen.

03. Den Backofen auf 180°C vorheizen. Den Teig auf der bemehlten Arbeitsfläche etwa ½ cm dick ausrollen und mit einer Ausstechform Sterne ausstechen. Bei der Hälfte der Plätzchen in der Mitte nochmals kleinere Sterne heraussteachen. Alle Plätzchen auf ein mit Backpapier ausgelegtes Backblech legen und im Ofen auf der mittleren Schiene etwa 10 Minuten hell backen. Herausnehmen und auf dem Kuchengitter vollständig abkühlen lassen.

04. Das Glühweingelee leicht erwärmen, die Plätzchen ohne Stern in der Mitte damit bestreichen und jeweils ein ausgestochenes Sternplätzchen daraufsetzen. Die Glühweinsterne nach dem völligen Auskühlen mit Puderzucker bestäuben.

TIPP — *Für eine alkoholfreie Variante verwenden Sie statt Rotwein einfach dunklen Traubensaft oder Kinderpunsch. Dafür benötigen Sie dann Gelierzucker im Verhältnis 1:1.*

ZUTATEN
FÜR CA. 30 STÜCK

FÜR DAS GELEE:
+ 150 ml trockener Rotwein
+ 1 TL Glühweingewürz
+ 75 g Gelierzucker (2:1)
+ 2 EL Zitronensaft

FÜR DEN TEIG:
+ 200 g Mehl
+ 100 g Zucker
+ 1 EL Vanillezucker
+ 200 g Butter
+ 1 Ei
+ 100 g gemahlene Haselnüsse

AUSSERDEM:
+ Mehl für die Arbeitsfläche
+ Puderzucker zum Bestäuben

RUM-COOKIES
MIT KOKOS

ZUBEREITUNG

01.   Den Rum leicht erwärmen und die Rosinen und die Hälfte der Kokosraspel darin einweichen. Das Mehl mit dem Backpulver mischen. Die Butter mit dem Zucker cremig rühren, das Ei hinzufügen und nach und nach die Sahne unterrühren.

02.   Die Mehlmischung mit der Buttermasse verrühren und mit Rum, Rosinen und Kokosraspeln zu einem cremigen Teig verarbeiten. Den Teig 1 Stunde ruhen lassen.

03.   Den Backofen auf 180 °C vorheizen. Ein Backblech mit Backpapier auslegen. Vom Teig haselnussgroße Stücke abstechen und zu Kugeln formen. Diese in den restlichen Kokosraspeln wälzen, in Pralinenförmchen setzen und auf dem Blech im Ofen auf der mittleren Schiene etwa 12 Minuten backen.

04.   Die Rum-Cookies herausnehmen und auf dem Kuchengitter abkühlen lassen.

———

TIPP — *Rum wird traditionell aus Melasse gewonnen und ist ein wichtiges Exportgut Jamaikas. Originaler Jamaika-Rum zeichnet sich durch einen besonders kräftigen, würzigen Geschmack aus.*

ZUTATEN
FÜR CA. 65 STÜCK

+ **5 EL Rum**
+ **100 g Rosinen**
+ **120 g Kokosraspel**
+ **225 g Mehl**
+ **1 TL Backpulver**
+ **75 g weiche Butter**
+ **75 g brauner Zucker**
+ **1 Ei**
+ **80 g Sahne**

TERRASSENPLÄTZCHEN
MIT KIRSCHKONFITÜRE

ZUTATEN FÜR CA. 12 STÜCK

+ **300 g Mehl**
+ **Salz**
+ **120 g Zucker**
+ **200 g kalte Butter**
+ **1 Ei**
+ **150 g Kirschkonfitüre**
+ **Puderzucker zum Bestäuben**

ZUBEREITUNG

01.   Das Mehl in einer Schüssel mit 1 Prise Salz und dem Zucker mischen. Die kalte Butter in kleine Stücke schneiden. In die Mitte des Mehls eine Mulde drücken, das Ei hineingeben, die Butter darum herum verteilen und alles zu einem festen Mürbeteig verkneten. In Frischhaltefolie wickeln und mindestens 1 Stunde kühl stellen.

02.   Den Backofen auf 180 °C vorheizen. Ein Backblech mit Backpapier auslegen. Den Teig auf der bemehlten Arbeitsfläche etwa ½ cm dick ausrollen. Mit drei verschieden großen Ausstechformen oder Gläsern jeweils die gleiche Anzahl runder Plätzchen aus dem Teig ausstechen und auf das Blech geben.

03.   Im Ofen auf der mittleren Schiene 8 bis 10 Minuten hell backen. Herausnehmen und nur kurz abkühlen lassen.

04.   Die Konfitüre in einem Topf erwärmen und jeweils 3 unterschiedlich große Plätzchen mit etwas Konfitüre zu kleinen Terrassen zusammensetzen. Etwas abkühlen lassen und mit Puderzucker bestäuben. Die Terrassenplätzchen mit einem Tupfen Konfitüre verzieren und abkühlen lassen.

ORANGEN-DATTEL-MAKRONEN
MIT HONIG

ZUTATEN FÜR CA. 30 STÜCK

+ 100 g getrocknete Datteln
+ 2 Eiweiß
+ Salz
+ 100 g Orangenblütenhonig
+ 120 g Kokosraspel
+ 2 TL abgeriebene Bio-Orangenschale
+ 3 EL Mehl
+ ca. 30 Backoblaten (à 4 cm Durchmesser)

ZUBEREITUNG

01. Den Backofen auf 180°C vorheizen. Die Datteln in feine Würfel schneiden. Die Eiweiße mit 1 Prise Salz in einer Schüssel mit den Quirlen des Handrührgeräts steif schlagen, dabei nach und nach den Honig unterrühren.

02. Die Dattelwürfel, die Kokosraspel, die Orangenschale und das Mehl mischen und unter die Eischneemasse heben.

03. Mit zwei nassen Teelöffeln kleine Häufchen auf die Oblaten setzen und auf ein mit Backpapier ausgelegtes Backblech legen.

04. Die Orangen-Dattel-Makronen im Ofen auf der mittleren Schiene 10 bis 12 Minuten backen, herausnehmen und auf dem Kuchengitter abkühlen lassen.

CHOCOLATE-CHIP-COOKIES
KLASSISCH UND SCHNELL

ZUBEREITUNG

01. Den Backofen auf 180 °C vorheizen. Das Mehl mit ½ TL Salz und dem Natron in einer Schüssel mischen. Die Butter mit dem weißen und dem braunen Zucker mit den Quirlen des Handrührgeräts cremig rühren. Das Vanillearoma hinzufügen und nach und nach die Eier unterrühren.

02. Die Mehlmischung löffelweise unter die Buttermasse rühren, bis ein glatter Teig entstanden ist. Die Schokotröpfchen unter den Teig heben.

03. Ein Backblech mit Backpapier auslegen. Mit einem nassen Teelöffel walnussgroße Häufchen vom Teig abstechen und mit genügend Abstand zueinander auf das Backblech setzen.

04. Im Ofen auf der mittleren Schiene 12 bis 14 Minuten backen, bis die Ränder goldbraun und knusprig, die Cookies gleichzeitig innen noch weich und saftig sind. Die Chocolate-Chip-Cookies herausnehmen und auf dem Kuchengitter vollständig abkühlen lassen.

──────

TIPP — *Am besten schmecken die Cookies, wenn sie gerade frisch gebacken sind. Achten Sie genau auf die Backzeit, denn sind die Cookies zu lange im Ofen, werden sie rasch hart.*

ZUTATEN
FÜR CA. 25 STÜCK

+ **175 g Mehl**
+ **Salz**
+ **½ TL Natron**
+ **125 g weiche Butter**
+ **60 g Zucker**
+ **60 g brauner Zucker**
+ **1—2 Tropfen Vanillearoma**
+ **2 Eier**
+ **75 g Schokotröpfchen (zartbitter)**

CRANBERRY-COOKIES
MIT KIRSCHGUSS

ZUBEREITUNG

01. Die Butter mit dem Zucker und dem braunen Zucker verrühren. Die Eier hinzufügen und alles cremig schlagen. Das Mehl mit den Mandeln, dem Natron, 1 Prise Salz und dem Zimt mischen und mit der Buttermasse zu einem glatten Teig verrühren. Die Hälfte der Cranberrys mit einem großen Messer fein hacken und unterrühren.

02. Den Backofen auf 200 °C vorheizen. Ein Backblech mit Backpapier auslegen. Vom Teig mit einem nassen Löffel haselnussgroße Häufchen abstechen und auf das Backblech setzen. Im Ofen auf der mittleren Schiene 10 bis 15 Minuten hell backen. Herausnehmen und auf dem Kuchengitter abkühlen lassen.

03. Für die Verzierung den Puderzucker mit dem Kirschsaft zu einem dickflüssigen Guss verrühren. Jeweils 1 Tupfen Guss auf die Cookies setzen und mit den übrigen Cranberrys bestreuen. Die Cranberry-Cookies vor dem Aufbewahren vollständig trocknen lassen.

──────

TIPP — *Cranberrys sind frisch von Mitte September bis Dezember erhältlich, tiefgefroren oder getrocknet das ganze Jahr über. Sie sind Verwandte der heimischen Preiselbeeren und echte Vitaminbomben.*

ZUTATEN
FÜR CA. 35 STÜCK

+ **275 g Butter**
+ **100 g Zucker**
+ **100 g brauner Zucker**
+ **2 Eier**
+ **300 g Mehl**
+ **100 g gehackte Mandeln**
+ **1 TL Natron**
+ **Salz**
+ **1 Msp. Zimtpulver**
+ **100 g getrocknete Cranberrys**
+ **120 g Puderzucker**
+ **3 EL Kirschsaft**

CHOCOLATE-CHIP-COOKIES
MIT ERDNUSSBUTTERFÜLLUNG

ZUBEREITUNG

01. Den Backofen auf 180 °C vorheizen. Ein Backblech mit Backpapier auslegen. Das Mehl mit dem Kakao, ½ TL Salz und dem Natron in einer Schüssel vermischen. Die Butter mit dem weißen und braunen Zucker cremig rühren. Das Vanillearoma und die Eier unterrühren.

02. Die Mehlmischung löffelweise hinzufügen und die Schokotröpfchen unter den Teig heben. Mit feuchten Händen aus dem Teig walnussgroße Kugeln formen, jeweils eine kleine Mulde in die Mitte drücken, etwas Erdnussbutter hineinsetzen und mit dem Schokoladenteig verschließen. Mit ausreichend Abstand zueinander auf das Backblech setzen.

03. Im Ofen auf der mittleren Schiene 10 bis 15 Minuten backen, bis sie außen knusprig und innen noch weich und saftig sind. Die Chocolate-Chip-Cookies herausnehmen und auf dem Kuchengitter abkühlen lassen.

––––––

TIPP — *Statt einer Erdnussbutterfüllung können Sie auch einen Karamellkern zaubern: Dazu anstelle der Erdnussbutter ein Stückchen Karamelltoffee in jede Teigkugel setzen.*

ZUTATEN
FÜR CA. 25 STÜCK

+ **220 g Mehl**
+ **40 g Kakaopulver**
+ **Salz**
+ **½ TL Natron**
+ **125 g weiche Butter**
+ **60 g Zucker**
+ **60 g brauner Zucker**
+ **1—2 Tropfen Vanillearoma**
+ **2 Eier**
+ **75 g Schokotröpfchen (zartbitter)**
+ **Erdnussbutter zum Füllen**

02

LEBKUCHEN, SPEKULATIUS & CO.

PFEFFERKUCHEN
MIT SCHOKO-MOKKABOHNEN

ZUBEREITUNG

01. Am Vortag das Zitronat mit etwas Mehl in den Blitzhacker geben und fein hacken. Die Eier mit dem Zucker in einer Schüssel mit den Quirlen des Handrührgeräts etwa 7 Minuten schaumig schlagen.

02. Das restliche Mehl mit gehacktem Zitronat, Backpulver, Zimt, Piment, Kardamom und je 1 Prise Muskatnuss und Pfeffer mischen und mit der Eiermasse zu einem glatten Teig verkneten. Zu einer Kugel formen, in Frischhaltefolie wickeln und etwa 1 Stunde kühl stellen.

03. Ein Backblech mit Backpapier auslegen. Den Teig zwischen zwei Lagen Frischhaltefolie etwa ½ cm dick ausrollen und mit Ausstechern (etwa 5 cm Durchmesser) Sterne und Kreise ausstechen, die Förmchen dabei zwischendurch in heißes Wasser tauchen. In der Mitte kleinere Kreise ausstechen und die Pfefferkuchen mit etwas Abstand zueinander auf das Blech setzen. Die Mandeln halbieren und die Pfefferkuchen mit Mandelhälften und Schokobohnen verzieren. Über Nacht trocknen lassen.

04. Am nächsten Tag den Backofen auf 175 °C vorheizen. Die getrockneten Pfefferkuchen an der Unterseite mit etwas Wasser anfeuchten und im Ofen auf der mittleren Schiene 15 bis 20 Minuten backen. Herausnehmen und auf dem Kuchengitter abkühlen lassen. Die Pfefferkuchen nach Belieben mit bunten Bändern versehen und an den Weihnachtsbaum hängen.

TIPP — *Exotische Gewürze, die im Mittelalter unter dem Sammelbegriff Pfeffer bekannt waren, sind wichtige Zutaten für Lebkuchen — daher tragen die würzigen Küchlein heute noch den Namen Pfefferkuchen.*

ZUTATEN
FÜR CA. 40 STÜCK

+ **30 g Zitronat**
+ **250 g Mehl**
+ **2 Eier**
+ **250 g Zucker**
+ **1 TL Backpulver**
+ **½ TL Zimtpulver**
+ **½ TL Piment**
+ **1 Msp. gemahlener Kardamom**
+ **frisch geriebene Muskatnuss**
+ **weißer Pfeffer aus der Mühle**
+ **geschälte Mandeln und Schoko-Mokkabohnen zum Verzieren**

HONIGKUCHEN
MIT MANDELN

ZUBEREITUNG

01. Den Backofen auf 180 °C vorheizen. Ein Backblech mit Backpapier auslegen. Den Honig mit 100 g Sahne in einem kleinen Topf erwärmen, bis er flüssig ist. Lauwarm abkühlen lassen. Die Butter mit dem Zucker mit den Quirlen des Handrührgeräts schaumig rühren. Die Eier nach und nach unterrühren.

02. Das Mehl mit Mandeln, Ingwer, Macis und Backpulver mischen und mit der Sahne-Honigmischung zügig zu einem glatten und streichfesten Teig verrühren. Bei Bedarf noch etwas Mehl oder Wasser hinzufügen.

03. Den Teig auf dem Backblech verstreichen und mit der restlichen Sahne bepinseln. Die Kirschen mit dem Küchenmesser halbieren. Den Lebkuchenteig mit den Mandeln und den halbierten Kirschen verzieren und im Ofen auf der mittleren Schiene etwa 50 Minuten backen.

04. Den Honigkuchen herausholen, noch heiß vom Backblech lösen und in etwa 15 Stücke schneiden. Auf dem Kuchengitter abkühlen lassen und mit Puderzucker bestäuben.

──────

TIPP — *Mandeln lassen sich so ganz einfach schälen: In einer Schüssel mit kochendem Wasser übergießen und ein paar Minuten stehen lassen. Anschließend die Kerne aus der Schale herausdrücken.*

ZUTATEN
FÜR CA. 15 STÜCK

+ **150 g Honig**
+ **130 g Sahne**
+ **250 g weiche Butter**
+ **50 g Zucker**
+ **4 Eier**
+ **400 g Mehl**
+ **150 g gemahlene Mandeln**
+ **1 TL gemahlener Ingwer**
+ **1 Msp. Macis (Muskatblüte)**
+ **1 TL Backpulver**
+ **150 g geschälte Mandeln**
+ **6—8 Belegkirschen**
+ **Puderzucker zum Bestäuben**

MANDELPRINTEN
AUF AACHENER ART

ZUTATEN FÜR CA. 25 STÜCK

+ 1 TL Pottasche
+ 2 EL Rum
+ 250 g Zuckerrübensirup
+ 50 g Zucker
+ 75 g brauner Kandiszucker
+ ca. 300 g Mehl
+ 40 g Orangeat (fein gehackt)
+ ½ TL Zimtpulver
+ 1 Msp. Anispulver
+ 1 Msp. Nelkenpulver
+ Mehl für die Arbeitsfläche
+ 2–3 EL Milch
+ 60 g Mandelblättchen

ZUBEREITUNG

01. Die Pottasche im Rum auflösen. Den Zuckerrübensirup mit dem Zucker und 3 EL Wasser erhitzen, bis sich der Zucker aufgelöst hat. Den Kandiszucker im Blitzhacker zerkleinern. Mit dem Mehl, dem Orangeat, Zimt, Anis und Nelken mischen. Mit der gelösten Pottasche und dem Zuckersirup zu einem geschmeidigen Teig verkneten. In Frischhaltefolie wickeln, am besten über Nacht kühl stellen.

02. Den Backofen auf 180 °C vorheizen. Ein Backblech mit Backpapier auslegen. Den Teig auf der bemehlten Arbeitsfläche etwa 4 mm dick ausrollen. In etwa 3 × 5 cm große Rechtecke schneiden und mit etwas Abstand zueinander auf das Blech legen.

03. Mit der Milch bepinseln, mit den Mandelblättchen bestreuen und im Ofen auf der mittleren Schiene etwa 15 Minuten hell backen. Die Mandelprinten herausnehmen und auf dem Kuchengitter abkühlen lassen.

SHORTBREAD-FINGERS
MIT WALNÜSSEN

ZUTATEN FÜR CA. 45 STÜCK

+ **150 g weiche Butter**
+ **100 g Zucker**
+ **Salz**
+ **230 g Mehl**
+ **50 g gemahlene Walnüsse**
+ **Mehl für die Arbeitsfläche**
+ **3 EL silberne Zuckerperlen**
+ **70 g feinster Zucker**

ZUBEREITUNG

01. Die Butter mit dem Zucker und 1 Prise Salz in einer Schüssel mit den Quirlen des Handrührgeräts cremig rühren. Das Mehl und die Nüsse hinzufügen und alles rasch zu einem glatten Teig verkneten. Zu einer Kugel formen, in Frischhaltefolie wickeln und 1 Stunde kühl stellen.

02. Den Backofen auf 180 °C vorheizen. Ein Backblech mit Backpapier auslegen. Den Teig auf der bemehlten Arbeitsfläche zu einem etwa 15 × 25 cm großen und 1½ cm dicken Rechteck ausrollen und auf das Blech legen.

03. Die Teigränder mit Alufolienstreifen stabilisieren. Den Teig mehrmals mit einer Gabel einstechen und im Ofen auf der mittleren Schiene 15 Minuten backen. Den Teig mit Alufolie abdecken und nochmals etwa 15 Minuten backen.

04. Das Shortbread herausnehmen und noch heiß in Streifen schneiden. Die Silberperlen im Blitzhacker fein mahlen und mit dem Zucker mischen. Die Shortbread-Fingers rundum in der Zuckermischung wenden.

PFLAUMENLEBKUCHEN
UND INGWERMÜRBCHEN

ZUBEREITUNG

01. Für die Lebkuchen die Pflaumen fein hacken. 1 EL abnehmen und in 2 EL Slibowitz einweichen. Den Honig und den Zucker in einem Topf unter Rühren erwärmen, bis sich der Zucker aufgelöst hat. In einer Schüssel 2 Stunden ruhen lassen.

02. Hirschhornsalz und Pottasche mit dem restlichen Slibowitz anrühren. Mit der Honigmischung, den übrigen Pflaumen und beiden Mehlsorten verkneten. Den Teig zu einer Kugel formen und in Frischhaltefolie gewickelt 1 Stunde kühl stellen.

03. Den Backofen auf 200°C vorheizen. Ein Backblech mit Backpapier auslegen. Das Marzipan raspeln und mit Pflaumenmus, eingeweichten Pflaumen, Eigelb und den Gewürzen mischen. Den Teig auf der bemehlten Arbeitsfläche 3 mm dick ausrollen und Kreise (à 6 cm Durchmesser) ausstechen. Aus der Hälfte der Kreise kleine Löcher ausstechen. Die ganzen Teigkreise mit der Pflaumenfüllung bestreichen, Teigringe darauflegen. Die Lebkuchen auf das Blech setzen und mit etwas Milch bestreichen. Im Ofen auf der mittleren Schiene etwa 10 Minuten backen. Nach Belieben mit geschmolzener weißer Kuvertüre verzieren.

04. Für die Ingwermürbchen Pinienkerne grob und Ingwer sehr fein hacken. Schokolade fein reiben. Mehl, Ei, Butter, Zucker, Natron, Pinienkerne, Ingwer und geriebene Schokolade zu einem glatten Teig verkneten. Den Teig in Frischhaltefolie wickeln und etwa 30 Minuten kühl stellen.

05. Den Backofen auf 200°C vorheizen. Den Teig auf der leicht bemehlten Arbeitsfläche etwa ½ cm dick ausrollen. Beliebige Plätzchen ausstechen und auf ein mit Backpapier ausgelegtes Backblech setzen. Im Ofen auf der mittleren Schiene etwa 10 Minuten backen. Herausnehmen, abkühlen lassen, nach Belieben mit weißer Kuvertüre verzieren.

ZUTATEN FÜR CA. 40 BZW. 60 STÜCK

FÜR DIE LEBKUCHEN:

+ **3 EL getrocknete Pflaumen**
+ **5 EL Slibowitz (serb. Zwetschgenbranntwein)**
+ **300 g Honig**
+ **50 g Zucker**
+ **je 1 TL Hirschhornsalz und Pottasche**
+ **200 g Weizenmehl**
+ **120 g Roggenmehl**
+ **80 g Marzipanrohmasse**
+ **1½ EL Pflaumenmus**
+ **1 Eigelb**
+ **2 TL Zimtpulver**
+ **je 1 TL gemahlener Piment und Kardamom**
+ **Mehl für die Arbeitsfläche**
+ **Milch zum Bestreichen**

FÜR DIE INGWERMÜRBCHEN:

+ **50 g Pinienkerne**
+ **40 g kandierter Ingwer**
+ **100 g Zartbitterschokolade**
+ **320 g Mehl**
+ **1 Ei**
+ **220 g weiche Butter**
+ **50 g Zucker**
+ **½ TL Natron**
+ **Mehl für die Arbeitsfläche**

ELISENLEBKUCHEN
MIT MANDELN UND RUM

ZUTATEN FÜR CA. 40 STÜCK

+ 2 Eier
+ 180 g brauner Zucker
+ 2 TL Lebkuchengewürz
+ 1 TL abgeriebene Bio-Zitronenschale
+ 2 EL brauner Rum
+ je 125 g gemahlene Mandeln und Haselnüsse
+ 1 Msp. Backpulver
+ 75 g Zitronat
+ ca. 40 Backoblaten (à 4 cm Durchmesser)
+ 150 g Puderzucker
+ 1 EL weiche Butter
+ 2−3 EL Zitronensaft

ZUBEREITUNG

01. Den Backofen auf 150 °C vorheizen. Ein Backblech mit Backpapier auslegen. Die Eier mit dem braunen Zucker in einer Schüssel mit den Quirlen des Handrührgeräts schaumig schlagen.

02. Das Lebkuchengewürz, die Zitronenschale und den Rum unterrühren und die Masse dickcremig schlagen. Die Mandeln, die Nüsse und das Backpulver mischen. Das Zitronat hacken und mit der Nussmischung unter die Eiermasse rühren.

03. Die Lebkuchenmasse mit einem Esslöffel etwa 1 cm dick auf den Backoblaten verteilen, dabei zum Rand hin etwas abflachen. Die Lebkuchen auf das Blech setzen und im Ofen auf der mittleren Schiene etwa 30 Minuten backen.

04. Den Puderzucker, die Butter und den Zitronensaft zu einem dicken Guss verrühren. Die Lebkuchen mit dem Guss bestreichen und nach Belieben mit Eisblumen und feinstem Zucker verzieren.

PFEFFER-LEBKÜCHLEIN

MIT SCHOKOLADE

ZUTATEN FÜR CA. 25 STÜCK

+ **175 g Mehl**
+ **Salz**
+ **4 EL Kakaopulver**
+ **1 Msp. gemahlener Pfeffer**
+ **1 Msp. gemahlener Ingwer**
+ **1 Msp. Pimentpulver**
+ **1 Msp. Zimtpulver**
+ **½ TL Natron**
+ **125 g weiche Butter**
+ **60 g Zucker**
+ **60 g brauner Zucker**
+ **2 Eier**
+ **75 g Schokotröpfchen (zartbitter)**

ZUBEREITUNG

01. Den Backofen auf 180 °C vorheizen. Ein Backblech mit Backpapier auslegen. Das Mehl in einer Schüssel mit ½ TL Salz, dem Kakao, Pfeffer, Ingwer, Piment, Zimt und dem Natron mischen. Die Butter mit dem weißen und braunen Zucker in einer Schüssel mit den Quirlen des Handrührgeräts cremig rühren, dann die Eier unterrühren.

02. Die Mehlmischung unter die Buttermasse rühren und die Schokotröpfchen unterheben. Vom Teig mit zwei nassen Teelöffeln walnussgroße Häufchen abstechen und mit ausreichendem Abstand zueinander auf das Backblech setzen.

03. Im Ofen auf der mittleren Schiene 10 bis 15 Minuten backen, bis die Kekse außen knusprig und innen noch weich und saftig sind. Die Pfeffer-Lebküchlein herausnehmen und auf dem Kuchengitter abkühlen lassen.

DOMINOSTEINE
MIT ORANGENGELEE

ZUBEREITUNG

01. Den Backofen auf 180 °C vorheizen. Für den Teig den Honig mit dem Zucker und der Butter aufkochen. Die Creme etwas abkühlen lassen, dann das Ei und das Mehl hinzufügen. Pottasche und Hirschhornsalz im Rum auflösen und mit Lebkuchengewürz unter die Masse rühren.

02. Eine Backform (etwa 12 × 20 cm) mit Backpapier auslegen. Den Teig einfüllen, glatt streichen und im Ofen auf der mittleren Schiene etwa 15 Minuten backen. Herausnehmen und in der Form abkühlen lassen.

03. Für die Füllung die Gelatine in kaltem Wasser einweichen. Das Gelee in einem Topf aufkochen und glatt rühren. Die Gelatine ausdrücken, tropfnass hinzufügen und unter Rühren darin auflösen. Die Geleemasse auf dem Kuchenboden verteilen und am besten über Nacht kühl stellen.

04. Das Marzipan auf Frischhaltefolie ausrollen und auf Größe der Backform zuschneiden. Anschließend auf die Geleeschicht stürzen, die Frischhaltefolie abziehen und den Kuchen aus der Form lösen.

05. Für die Glasur die Kuvertüre in einer Metallschüssel im heißen Wasserbad schmelzen (nicht wärmer als 37 °C!). Den Kuchen in Würfel von 2 bis 3 cm Größe schneiden. Die Dominosteine in die Kuvertüre tauchen und auf dem Kuchengitter abtropfen lassen, anschließend auf Backpapier fest werden lassen.

─────

TIPP — *Statt Orangengelee können Sie auch Quitten- oder Kirschgelee verwenden. Testen Sie die Temperatur der Kuvertüre vorsichtig an der Lippe, so können Sie sie am besten bestimmen.*

ZUTATEN FÜR CA. 50 STÜCK

FÜR DEN TEIG:
+ 40 g Honig
+ 50 g brauner Zucker
+ 20 g Butter
+ 1 Ei
+ 150 g Mehl
+ 1 Msp. Pottasche
+ 1 Msp. Hirschhornsalz
+ 1 EL Rum
+ 1 TL Lebkuchengewürz

FÜR DIE FÜLLUNG UND DIE GLASUR:
+ 4 Blätter Gelatine
+ 400 g Orangengelee
+ 400 g Marzipanrohmasse
+ 400 g Zartbitterkuvertüre

MAGENBROT
MIT ROSENAROMA

ZUTATEN FÜR CA. 45 STÜCK

- + 200 g Honig · 50 g Butter
- + 100 g brauner Zucker · 1 Ei
- + 500 g Mehl · 1 EL Kakaopulver
- + 1 TL Zimtpulver
- + je ½ TL Nelkenpulver und gemahlener Kardamom
- + 1 Msp. frisch geriebene Muskatnuss
- + 2 TL Pottasche
- + 3 EL Rosenwasser (aus der Apotheke)
- + Butter für die Form
- + je 2 TL Instant-Kaffeepulver, brauner Rum und weiches Kokosfett
- + 150 g Puderzucker

ZUBEREITUNG

01. Den Honig mit der Butter und dem Zucker bei schwacher Hitze in einem Topf unter Rühren erwärmen, bis der Zucker geschmolzen ist. Die Masse etwas abkühlen lassen, dann das Ei unterrühren.

02. Das Mehl, den Kakao und die Gewürze mischen und nach und nach unter die Honigmasse kneten. Die Pottasche mit dem Rosenwasser glatt rühren und ebenfalls unterkneten. Den Teig in Frischhaltefolie wickeln und 1 Stunde kühl stellen.

03. Den Backofen auf 200 °C vorheizen. Den Teig auf einem gefetteten Blech nicht zu dünn ausrollen. Im Ofen auf der mittleren Schiene etwa 20 Minuten backen. Herausnehmen und abkühlen lassen.

04. Das Kaffeepulver in 3 EL heißem Wasser und dem Rum auflösen. Mit Kokosfett und Puderzucker glatt rühren. Das Magenbrot damit bestreichen und trocknen lassen.

05. Das Magenbrot in etwa 3 cm große Würfel oder 8 × 1½ cm breite Rechtecke schneiden. Nach Belieben je 1 Schoko-Mokkabohne mit etwas Zuckerguss darauf befestigen.

LEBKUCHEN
VOM BLECH

ZUTATEN FÜR CA. 12 STÜCK

+ **4 EL Orangeat**
+ **4 EL Zitronat**
+ **250 g Mehl**
+ **150 g gemahlene Nüsse (z. B. Haselnüsse, Mandeln)**
+ **100 g gehackte Mandeln**
+ **1 TL Lebkuchengewürz**
+ **50 g Kakaopulver**
+ **4 Eier**
+ **4 EL Rum**
+ **2 EL Vanillezucker**
+ **250 g brauner Zucker**
+ **Puderzucker zum Bestäuben**

ZUBEREITUNG

01. Den Backofen auf 160 °C vorheizen. Ein tiefes Backblech mit Backpapier auslegen. Das Orangeat und das Zitronat mit 1 EL Mehl im Blitzhacker fein zerkleinern. Die gemahlenen Nüsse mit restlichem Mehl, Mandeln, Lebkuchengewürz und Kakao mischen.

02. Die Eier mit dem Rum, dem Vanillezucker und dem braunen Zucker mit den Quirlen des Handrührgeräts schaumig rühren. Die Nuss-Mehl-Mischung löffelweise unter die Eimasse heben. Den Teig gleichmäßig auf das Backblech verteilen und glatt streichen.

03. Im Ofen auf der mittleren Schiene etwa 30 Minuten backen. Den Lebkuchen herausnehmen, noch heiß vom Backblech lösen und auf dem Kuchengitter abkühlen lassen. In gleichmäßige quadratische Stücke schneiden und dick mit Puderzucker bestäuben.

MINI-LEBKUCHEN
MIT MANDELN

ZUBEREITUNG

01. Für den Teig am Vortag die Mandeln in einer Pfanne ohne Fett goldbraun anrösten, abkühlen lassen und im Blitzhacker fein hacken. Die Datteln fein schneiden. Das Mehl mit dem Backpulver, 1 Prise Salz, Zimt, Ingwer, Macis und Nelken mischen. Orangeat und Zitronat mit einem großen Messer fein hacken.

02. Das Marzipan auf der Küchenreibe fein reiben und zusammen mit der Konfitüre, den Eiern und dem Zucker verkneten. Die Mehlmischung und alle übrigen Zutaten hinzufügen und mit den Knethaken des Handrührgeräts zu einem festen Teig verarbeiten. Den Teig zugedeckt über Nacht kühl stellen.

03. Am nächsten Tag den Backofen auf 160 °C vorheizen. Ein Backblech mit Backpapier auslegen. Mit einem nassen Teelöffel etwa walnussgroße Portionen vom Teig abstechen und zu Kugeln formen. Mit ausreichend Abstand zueinander auf das Blech legen und flach drücken. Jeweils 1 Mandel in die Mitte setzen und im Ofen auf der mittleren Schiene etwa 15 Minuten backen.

04. Den Puderzucker mit 3 bis 4 EL Wasser zu einem dünnflüssigen Guss anrühren. Die Mini-Lebkuchen herausnehmen, noch heiß mit dem Guss bestreichen und auf dem Kuchengitter abkühlen lassen.

ZUTATEN
FÜR CA. 50 STÜCK

FÜR DEN TEIG:

+ **125 g geschälte Mandeln**
+ **50 g getrocknete Datteln**
+ **200 g Mehl**
+ **1 TL Backpulver**
+ **Salz**
+ **½ TL Zimtpulver**
+ **½ TL Ingwerpulver**
+ **½ TL Macis (gemahlene Muskatblüte)**
+ **1 Msp. Nelkenpulver**
+ **50 g Orangeat**
+ **50 g Zitronat**
+ **100 g Marzipanrohmasse**
+ **125 g Aprikosenkonfitüre**
+ **4 Eier**
+ **200 g brauner Zucker**

ZUM VERZIEREN:

+ **50 geschälte Mandeln**
+ **100 g Puderzucker**

───────

TIPP — *Ihnen fehlt noch ein weihnachtliches Mitbringsel oder ein selbst gemachtes Geschenk? Dann verpacken Sie doch einfach ein paar Mini-Lebkuchen in eine Zellophantüte, Schleife umbinden, fertig!*

THYMIAN-SCHOKO-KEKSE
UND MANDELSPEKULATIUS

ZUBEREITUNG

01. Für die Thymian-Schoko-Kekse Thymian und Zucker im Blitzhacker fein mahlen. Schokolade hacken und im heißen Wasserbad unter Rühren schmelzen. Butter, die Hälfte vom Thymianzucker, Orangenschale und 1 Prise Salz cremig rühren. Mit der flüssigen Schokolade und beiden Mehlsorten zu einem Teig verkneten. Zu einer Kugel formen und in Frischhaltefolie gewickelt 1 Stunde kühl stellen.

02. Den Backofen auf 180°C vorheizen. Ein Backblech mit Backpapier auslegen. Den Teig zwischen zwei Lagen Back-papier etwa 3 mm dick ausrollen. Blätter oder andere For-men ausstechen und auf das Blech setzen. Im Ofen auf der mittleren Schiene 15 bis 20 Minuten backen. Heraus-nehmen und die Thymian-Schoko-Kekse noch heiß mit dem restlichen Thymianzucker bestreuen.

03. Für die Spekulatius Mehl, Butter, Zucker, Vanillezucker, gemahlene Mandeln, Eier, Zimt und je 1 Prise Salz und gemahlene Gewürze zu einem glatten Teig verkneten. Den Teig zu einer Kugel formen, in Frischhaltefolie wickeln und 1 Stunde kühl stellen.

04. Den Backofen auf 200°C vorheizen. Ein Backblech mit Backpapier auslegen und mit Mandelblättchen bestreuen. Den Teig darauf 2 bis 3 mm dick ausrollen, entweder aus-stechen oder portionsweise in Spekulatiusformen drücken. Erneut auf das Blech setzen, die Mandelblättchen etwas andrücken und die Spekulatius, falls nötig, nochmals kurz kühl stellen. Mit Milch bestreichen und im Ofen auf der mittleren Schiene 10 bis 12 Minuten backen. Herausneh-men und auf dem Kuchengitter abkühlen lassen.

05. Die Kuvertüre hacken und im heißen Wasserbad unter Rühren schmelzen. In einen Gefrierbeutel füllen, eine kleine Ecke abschneiden und die Mandelspekulatius mit der Kuver-türe und nach Belieben mit ganzen Haselnüssen verzieren.

ZUTATEN
FÜR CA. 50 STÜCK

FÜR DIE THYMIAN-SCHOKO-KEKSE:
+ **2 EL Thymianblättchen**
+ **50 g Zucker**
+ **150 g Vollmilchschokolade**
+ **200 g weiche Butter**
+ **abgeriebene Schale von 1 Bio-Orange**
+ **Salz**
+ **250 g Weizenmehl**
+ **100 g Reismehl**

FÜR DIE SPEKULATIUS:
+ **250 g Mehl**
+ **150 g Butter**
+ **100 g Zucker**
+ **1 Päckchen Vanillezucker**
+ **100 g gemahlene Mandeln**
+ **2 Eier**
+ **1 Msp. Zimtpulver**
+ **Salz**
+ **gemahlener Anis, Piment, Koriander und Macis (gemahlene Muskatblüte)**
+ **100 g Mandelblättchen**
+ **Milch zum Bestreichen**
+ **100 g Vollmilchkuvertüre**

SPEKULATIUSSTANGEN
MIT KARDAMOM UND NELKEN

ZUBEREITUNG

01. Das Mehl mit den Mandeln, 1 Prise Salz, Zimt, Kardamom, Nelken und Macis in einer Schüssel mischen. Die Butter in Stücke schneiden. In die Mitte der Mehlmischung eine Mulde drücken und das Ei hineingeben. Die Butterstücke und den weißen und braunen Zucker darüber verteilen und mit kühlen Händen rasch verkneten. Den Teig zu einer Kugel formen und in Frischhaltefolie gewickelt etwa 30 Minuten kühl stellen.

02. Den Backofen auf 180 °C vorheizen. Ein Backblech mit Backpapier auslegen. Den Teig auf der bemehlten Arbeitsfläche 4 bis 5 mm dick ausrollen und mit dem verquirlten Eiweiß bestreichen. Gleichmäßig mit den Mandelblättchen bestreuen, in etwa 1½ × 6 cm große Streifen schneiden und auf das Backblech legen.

03. Im Ofen auf der mittleren Schiene 10 bis 12 Minuten hell backen. Die Spekulatiusstangen herausnehmen und auf dem Kuchengitter abkühlen lassen.

TIPP — Angeblich sind Spekulatius zu Ehren des heiligen Nikolaus entstanden. Deshalb zeigen die Bilder auf den traditionellen Weihnachtskeksen häufig Szenen aus der Nikolausgeschichte.

ZUTATEN
FÜR CA. 45 STÜCK

+ **250 g Mehl**
+ **50 g geschälte gemahlene Mandeln**
+ **Salz**
+ **1 TL Zimtpulver**
+ **1 Msp. gemahlener Kardamom**
+ **1 Msp. Nelkenpulver**
+ **1 Msp. Macis (gemahlene Muskatblüte)**
+ **200 g kalte Butter**
+ **1 Ei**
+ **50 g Zucker**
+ **50 g brauner Zucker**
+ **Mehl für die Arbeitsfläche**
+ **1 Eiweiß**
+ **60 g Mandelblättchen**

ERDNUSSRAUTEN
MIT SCHOKOGLASUR

ZUTATEN FÜR CA. 30 STÜCK

+ **100 g Butter**
+ **100 g Haferflocken**
+ **70 g Erdnüsse**
+ **1 Ei**
+ **100 g brauner Zucker**
+ **½ Päckchen Vanillezucker**
+ **Salz**
+ **½ TL Zimtpulver**
+ **1 EL Erdnussbutter**
+ **40 g Weizenvollkornmehl**
+ **Butter für die Form**
+ **120 g dunkle Kuvertüre**

ZUBEREITUNG

01. Den Backofen auf 200 °C vorheizen. Die Butter in einer Pfanne erhitzen, die Haferflocken darin unter Rühren etwa 4 Minuten rösten und vom Herd nehmen. Die Erdnüsse grob hacken.

02. Das Ei mit Zucker, Vanillezucker, 1 Prise Salz und Zimt schaumig schlagen. Erdnussbutter, Mehl, Haferflocken und Erdnüsse nach und nach unterrühren.

03. Eine ofenfeste Form (18 × 18 cm) einfetten. Den Teig hineingeben und glatt streichen. Im Ofen auf der mittleren Schiene etwa 12 Minuten goldbraun backen. Herausnehmen und noch heiß in Rauten schneiden. Die Erdnussrauten abkühlen lassen.

04. Die Kuvertüre grob hacken und in einer Metallschüssel im heißen Wasserbad unter Rühren schmelzen lassen. Die Plätzchen mit der Oberseite in die Kuvertüre tauchen und auf dem Kuchengitter trocknen lassen. Die Erdnussrauten nach Belieben mit feinen Linien aus geschmolzener Kuvertüre verzieren und mit feinstem Zucker bestreuen.

HONIGKUCHEN
MIT SIRUP

ZUTATEN FÜR CA. 12 STÜCK

+ **Butter und Mehl für die Förmchen**
+ **250 g Buttermilch**
+ **2 Eier**
+ **150 g Honig**
+ **50 ml Sonnenblumenöl**
+ **150 g Mehl**
+ **75 g gemahlene geschälte Mandeln**
+ **1½ TL Backpulver**
+ **Ahornsirup zum Beträufeln**

ZUBEREITUNG

01. Den Backofen auf 180 °C vorheizen. Zwölf Tartelettförmchen (Durchmesser ca. 8 cm) einfetten und mit Mehl bestäuben.

02. Die Buttermilch in einer Schüssel mit den Eiern, dem Honig und dem Öl mit den Quirlen des Handrührgeräts verrühren. Das Mehl mit den Mandeln und dem Backpulver mischen und löffelweise unter die Buttermilchmasse rühren, bis ein glatter Teig entsteht.

03. Den Teig drei Viertel hoch in die Förmchen füllen und im Ofen auf der mittleren Schiene etwa 20 Minuten goldbraun backen.

04. Die Honigkuchen herausnehmen, kurz auf dem Kuchengitter abkühlen lassen und aus den Förmchen lösen. Zum Servieren die Honigkuchen mit Ahornsirup beträufeln.

DÄNISCHE ZUCKERBREZELN
UND DINKEL-NUSS-WÜRFEL

ZUBEREITUNG

01. Für die Brezeln die Butter mit Zucker, Vanillezucker und 1 Prise Salz in einer Schüssel mit den Quirlen des Handrührgeräts cremig rühren. Das Ei, 1 Eigelb, Zitronenschale und Bittermandelöl unterrühren. Mehl, Mandeln und Backpulver mischen und mit der Butter-Eier-Masse verkneten. Teig halbieren, zu 2 Rollen (à etwa 20 cm Länge) formen, in Frischhaltefolie gewickelt 2 Stunden kühl stellen.

02. Den Backofen auf 180°C vorheizen. Ein Backblech mit Backpapier auslegen. Von den Teigrollen etwa 1½ cm dicke Scheiben abschneiden, diese zu etwa 18 cm langen, bleistiftdicken Strängen und anschließend zu Brezeln formen. Die Teigbrezeln auf das Blech legen. Das restliche Eigelb mit 1 TL Wasser verquirlen. Die Brezeln damit bestreichen und mit Zucker bestreuen. Im Ofen auf der mittleren Schiene 10 bis 12 Minuten backen. Herausnehmen und abkühlen lassen.

03. Für die Würfel Butter, Zucker, Vanille, Zitronenschale und 1 Prise Salz in einer Schüssel cremig rühren. Das Ei unterrühren. Das Dinkelmehl mit Haselnüssen, Backpulver und Zimt mischen und mit der Buttermasse zu einem glatten Teig verkneten. Zu einer Kugel formen, in Frischhaltefolie wickeln und etwa 30 Minuten kühl stellen.

04. Den Backofen auf 180°C vorheizen. Den Teig zwischen zwei Lagen Backpapier etwa 3 mm dick ausrollen, auf das Blech legen und das obere Papier abziehen. Das Gelee glatt rühren und den Teig damit bestreichen. Im Ofen auf der mittleren Schiene etwa 10 Minuten backen.

05. Herausnehmen, kurz abkühlen lassen und die Platte halbieren. Die Hälften aufeinanderlegen und in Würfel schneiden. Das Marzipan zwischen zwei Lagen Frischhaltefolie dünn ausrollen, kleine Formen (z.B. Tannenbäume) ausstechen und die Würfel damit verzieren.

ZUTATEN FÜR JEWEILS CA. 50 STÜCK

FÜR DIE BREZELN:
+ **75 g weiche Butter**
+ **100 g Zucker**
+ **1 Päckchen Vanillezucker**
+ **Salz**
+ **1 Ei**
+ **2 Eigelb**
+ **1 TL abgeriebene Bio-Zitronenschale**
+ **2 Tropfen Bittermandelöl**
+ **200 g Mehl**
+ **50 g gemahlene Mandeln**
+ **1 gestr. TL Backpulver**
+ **ca. 4 EL Zucker zum Bestreuen**

FÜR DIE WÜRFEL:
+ **125 g weiche Butter**
+ **100 g Zucker**
+ **1 TL gemahlene Vanille**
+ **1 TL abgeriebene Bio-Zitronenschale**
+ **Salz**
+ **1 Ei**
+ **200 g Dinkelmehl**
+ **50 g gemahlene Haselnüsse**
+ **je 1 TL Back- und Zimtpulver**
+ **100 g Brombeergelee**
+ **50 g Marzipanrohmasse**

LEBKUCHENHÄUSCHEN
MIT ZUCKERGUSS VERZIERT

ZUBEREITUNG

01. Am Vortag Honig, Zucker und Butter unter Rühren erhitzen, bis sich der Zucker gelöst hat. Vom Herd nehmen und abkühlen lassen. Mehl mit Lebkuchengewürz und Kakao mischen, Pottasche in 2 EL Wasser auflösen und hinzufügen. Das Ei verquirlen, mit der Honigmasse zum Mehl geben und mit dem Knethaken des Handrührgeräts zu einem festen Teig kneten. In Frischhaltefolie gewickelt über Nacht kühl stellen.

02. Aus Pappe vier Rechtecke (16 × 14 cm) ausschneiden, für die Giebelseiten bei zweien dieser Rechtecke jeweils auf 5 cm Höhe schräg zur Mitte hin abfallen, um einen spitzen Giebel zu erhalten. Für die Seitenwände zwei Rechtecke (12 × 5 cm) ausschneiden.

03. Den Backofen auf 200 °C vorheizen. Zwei Backbleche mit Backpapier auslegen. Den Teig halbieren und auf der bemehlten Arbeitsfläche auf Blechgröße ausrollen. Im Ofen auf der mittleren Schiene 15 Minuten backen.

04. Lebkuchenteig noch heiß vom Blech lösen und sofort alle Bauteile ausschneiden: Auf einen Lebkuchen Schablonen für das Haus auflegen und ausschneiden (Kamin, Fenster und Türe nicht vergessen). Aus dem zweiten eine 30 × 20 cm große Bodenplatte ausschneiden. Übrigen Teig für Verzierungen (z.B. Engel, Rehe, Tannenbäume) verwenden. Fertige Teile auf dem Kuchengitter abkühlen lassen.

05. Eiweiß steif schlagen, dabei nach und nach Puderzucker einrieseln lassen. Zuckerguss in einen Spritzbeutel füllen, Seiten und Giebelwände des Häuschens mit Guss bestreichen und auf die Bodenplatte kleben bzw. zusammensetzen. Trocknen lassen, dann ebenso das Dach ansetzen. Tür, Dach, Fenster und Kamin mit Zuckerguss und Marshmallows verzieren. Den Garten mit Zuckerstangen als Gartenzaun und übrigen Verzierungen schmücken.

ZUTATEN FÜR
1 LEBKUCHENHÄUSCHEN

FÜR DEN TEIG:

+ **250 g Honig**
+ **250 g brauner Zucker**
+ **100 g Butter**
+ **600 g Mehl**
+ **1 TL Lebkuchengewürz**
+ **1 EL Kakaopulver**
+ **1 EL Pottasche**
+ **1 Ei**
+ **Mehl zum Ausrollen**

ZUM VERZIEREN:

+ **1 Eiweiß**
+ **200 g Puderzucker**
+ **rosa und weiße Mini-Marsh-mallows**
+ **Zuckerstangen**
+ **100 g geschälte ganze Mandeln**

KUCHEN, STOLLEN & CO.

GEWÜRZKUCHEN
MIT MARZIPANSTERNEN

ZUBEREITUNG

01. Die Einmachgläser gut einfetten und mit Semmelbröseln ausstreuen, dabei darauf achten, dass die Ränder sauber bleiben. Den Backofen auf 180 °C vorheizen.

02. Für den Teig die Butter mit dem Zucker, dem Vanillezucker, der Orangenschale und dem Lebkuchengewürz in eine Schüssel geben und mit den Quirlen des Handrührgeräts cremig rühren. Nach und nach die Eier unterrühren.

03. Das Mehl mit der Speisestärke und dem Backpulver mischen und abwechselnd mit dem Glühwein unter die Butter-Eier-Masse rühren.

04. Den Teig etwa drei Viertel hoch in die Gläser füllen, dabei darauf achten, dass die Ränder sauber bleiben. Die Kuchen auf dem Ofengitter im Ofen auf der mittleren Schiene 20 bis 25 Minuten backen.

05. Zum Verzieren das Marzipan weich kneten. Die Arbeitsfläche mit Puderzucker bestäuben und das Marzipan darauf etwa 4 mm dick ausrollen. Aus der Marzipanplatte mit Ausstechern verschieden große Sterne ausstechen.

06. Die Kuchen aus dem Ofen nehmen und kurz im Glas ruhen lassen. Dann stürzen und vollständig abkühlen lassen. Die Marzipansterne mit etwas Zuckerguss dekorativ auf den Kuchen befestigen und durch ein feines Sieb leicht mit Puderzucker bestäuben.

TIPP — *Sie können die Kuchen auch nach dem Backen kurz ausdampfen lassen und die Gläser mit Gummiringen und Deckeln gut verschließen. So lassen sich die Kuchen hübsch verpackt verschenken.*

ZUTATEN FÜR 8 EINMACHGLÄSER (À 250 ML INHALT)

FÜR DEN TEIG:
+ **250 g weiche Butter**
+ **250 g Zucker**
+ **1 Päckchen Vanillezucker**
+ **2 TL abgeriebene Bio-Orangenschale**
+ **2 TL Lebkuchengewürz**
+ **4 Eier**
+ **200 g Mehl**
+ **50 g Speisestärke**
+ **2 TL Backpulver**
+ **125 ml Glühwein (Fertigprodukt)**

ZUM VERZIEREN:
+ **100 g Marzipanrohmasse**
+ **etwas Puderzuckerguss (siehe S. 64)**
+ **Puderzucker zum Bestäuben**

AUSSERDEM:
+ **Butter und Semmelbrösel für die Gläser**
+ **Puderzucker für die Arbeitsfläche**

GESCHICHTETE HONIGTORTE
MIT QUARKCREME

ZUBEREITUNG

01. Den Backofen auf 200 °C vorheizen. Eine flache Kuchenform mit Backpapier auslegen. Für den Biskuit die Eier trennen. Die Eigelbe in einer Schüssel schaumig rühren, dabei den Zucker und den Vanillezucker einrieseln lassen. Mehl, Speisestärke und Backpulver über die Eimasse sieben und unterrühren. Die Eiweiße zu festem Schnee schlagen und vorsichtig unter den Teig heben.

02. Die Kuchenform etwa 2 cm hoch mit Teig füllen und im Ofen auf der mittleren Schiene 10 bis 12 Minuten hell backen. Herausnehmen und auf dem Kuchengitter abkühlen lassen. Auf diese Weise aus dem ganzen Teig etwa 9 Böden backen.

03. Für die Quarkcreme den Quark mit dem Joghurt und dem Honig (bis auf 2 EL) verrühren. Den Orangensaft und den Likör hinzufügen.

04. Einen Tortenboden auf eine Kuchenplatte legen und ein wenig von der Quarkcreme darauf verstreichen. Einen weiteren Boden darauflegen, mit Creme bestreichen und so die Torte bis auf den letzten Boden aufeinanderschichten. Die letzte Cremeschicht mit dem restlichen Honig beträufeln, den noch übrigen Boden zerbröseln und auf die Torte streuen.

05. Die Honigtorte mindestens 2 Stunden kühl stellen. Zum Servieren mit Puderzucker bestäuben.

**ZUTATEN FÜR 1 TORTE
(CA. 24 CM DURCHMESSER)**

FÜR DEN BISKUIT:

+ **6 Eier**
+ **200 g Zucker**
+ **2 EL Vanillezucker**
+ **150 g Mehl**
+ **50 g Speisestärke**
+ **2 TL Backpulver**

FÜR DIE QUARKCREME:

+ **400 g Speisequark**
+ **200 g griechischer Joghurt (bzw. Sahnejoghurt)**
+ **120 g flüssiger Honig**
+ **1–2 EL Orangensaft**
+ **2 EL Mandellikör (z. B. Amaretto)**
+ **Puderzucker zum Bestäuben**

TIPP — *Biskuit sollten Sie rasch zubereiten, damit der luftige Teig nicht in sich zusammenfällt. Zum Abkühlen unbedingt auf das Kuchengitter legen, sonst wird er klebrig und lässt sich nicht mehr ablösen.*

WEIHNACHTSCRUMBLE
MIT PFLAUMEN

ZUBEREITUNG

01. Den Backofen auf 220 °C vorheizen. Die ofenfeste Form einfetten. Die Pflaumen waschen, halbieren, entsteinen und in der Form verteilen. Die Zitrone heiß waschen und trocken reiben, die Schale abreiben und den Saft auspressen. Beides mit dem Likör und dem Honig verrühren. Die Honigmischung über den Pflaumen verteilen.

02. Die gemahlenen Nüsse mit dem Zucker, dem Mehl, den Macadamianüssen, den Kokosraspeln, der Butter und dem Zimt mit kalten Händen zügig zu Streuseln verarbeiten und über die Pflaumen streuen.

03. Den Weihnachtscrumble im Ofen auf der mittleren Schiene etwa 20 Minuten goldbraun überbacken. Aus dem Ofen nehmen und noch warm servieren. Nach Belieben können Sie Vanilleeis dazu reichen.

———

TIPP — *Statt Pflaumen können Sie ein beliebiges anderes Obst verwenden. Probieren Sie auch einmal Äpfel oder Kirschen. Sie sollten dann einen dazupassenden Likör aussuchen.*

ZUTATEN FÜR 1 OFENFESTE FORM (CA. 35 CM)

+ **Butter für die Form**
+ **600 g Pflaumen**
+ **½ Bio-Zitrone**
+ **4 EL Pflaumenlikör**
+ **2 EL Honig**
+ **50 g gemahlene Mandeln**
+ **50 g gemahlene Haselnüsse**
+ **100 g brauner Zucker**
+ **100 g Mehl**
+ **50 g gehackte Macadamianüsse**
+ **2 EL Kokosraspel**
+ **125 g Butter**
+ **½ TL Zimtpulver**

BISKUITROULADE
MIT ERDBEERKONFITÜRE

ZUTATEN FÜR 1 ROULADE

FÜR DEN BISKUIT:

+ **6 Eier** · **100 g Zucker** · **Salz**
+ **1 Msp. abgeriebene Bio-Zitronenschale**
+ **125 g Mehl** · **2 EL Speisestärke**
+ **250 g Erdbeerkonfitüre**

ZUM VERZIEREN:

+ **250 g Puderzucker**
+ **3 EL Zitronensaft**
+ **3–4 EL silberne Zuckerperlen**
+ **2 EL rote Zuckerperlen**

AUSSERDEM:

+ **Zucker für das Küchentuch**

ZUBEREITUNG

01. Für den Biskuit den Backofen auf 180 °C vorheizen. Ein Backblech mit Backpapier auslegen. Die Eier trennen. Die Eiweiße zu steifem Schnee schlagen, dabei nach und nach die Hälfte des Zuckers einrieseln lassen. Die Eigelbe mit dem restlichen Zucker, 1 Prise Salz und der Zitronenschale schaumig rühren.

02. Den Eischnee unter die Eigelbcreme heben. Das Mehl und die Speisestärke darübersieben und unterheben. Biskuitmasse auf das Blech streichen und im Ofen auf der mittleren Schiene etwa 12 Minuten backen. Den Biskuit herausnehmen, auf ein mit Zucker bestreutes Küchentuch stürzen und das Backpapier abziehen. Die Konfitüre auf den Biskuit streichen, diesen mithilfe des Küchentuchs von der Längsseite her einrollen und abkühlen lassen.

03. Die Hälfte des Puderzuckers mit dem Zitronensaft und etwas Wasser zu einem dicken Guss verrühren und die Roulade damit überziehen. Den restlichen Puderzucker unter den übrigen Guss rühren, in einen Spritzbeutel füllen und die Biskuitroulade mit feinen Linien und den verschiedenfarbigen Zuckerperlen verzieren.

PEKANNUSS-INGWER-CUPCAKES
MIT CRANBERRYS

ZUTATEN FÜR CA. 12 STÜCK

+ **75 g Pekannüsse**
+ **175 g Mehl · 2 TL Backpulver**
+ **½ TL Zimtpulver**
+ **1 TL gemahlener Ingwer**
+ **150 g weiche Butter**
+ **150 g brauner Zucker**
+ **Salz · 3 Eier · ca. 100 ml Milch**
+ **50 g getrocknete Cranberrys**
+ **1–2 TL frisch geriebener Ingwer**

ZUM VERZIEREN:

+ **200 g Puderzucker**
+ **2–3 EL Milch**
+ **12 Pekannusskernhälften**
+ **bunte Zuckerperlen**

ZUBEREITUNG

01. Den Backofen auf 180 °C vorheizen. Die Vertiefungen eines Muffinblechs mit Papierförmchen auskleiden. Für den Teig die Pekannüsse fein mahlen. Mit dem Mehl, Backpulver, Zimt und Ingwer mischen.

02. Die Butter mit dem Zucker und 1 Prise Salz cremig schlagen, nach und nach die Eier unterrühren. Die Mehlmischung mit der Milch rasch unter die Butter-Ei-Masse rühren. Zuletzt Cranberrys und Ingwer hinzufügen.

03. Den Teig in die Vertiefungen des Muffinblechs füllen und im Ofen auf der mittleren Schiene etwa 25 Minuten backen. Herausnehmen, aus dem Muffinblech lösen und auf dem Kuchengitter abkühlen lassen.

04. Für die Verzierung den Puderzucker mit der Milch zu einem dicken Guss verrühren. Die Pekannuss-Ingwer-Cupcakes damit bestreichen, je 1 Nusshälfte daraufsetzen und mit einigen Zuckerperlen dekorieren.

SCHNEEHÄUBCHEN-KUCHEN
MIT KAFFEE UND SCHOKOLADE

ZUBEREITUNG

01. Den Backofen auf 180 °C vorheizen. Die Kastenform einfetten und mit Mehl bestäuben. Für den Teig die Schokolade grob hacken und mit dem Espresso und dem Kaffeelikör im heißen Wasserbad schmelzen. Die Butter mit dem Zucker und Vanillezucker mit den Quirlen des Handrührgeräts cremig schlagen.

02. Die Eier nach und nach unterrühren, das Mehl mit Backpulver mischen und löffelweise unter die Butter-Ei-Masse rühren. Mit etwas Milch zu einem geschmeidigen Teig verarbeiten.

03. Vom Teig etwa ein Drittel abteilen und mit der geschmolzenen Schokoladenmasse verrühren. In die Kuchenform geben, jeweils an den Rändern etwas höher einfüllen. Den hellen Teig daraufgeben und glatt streichen. Im Ofen auf der mittleren Schiene etwa 1 Stunde backen.

04. Für das Schneehäubchen die Eiweiße zu sehr steifem Schnee schlagen, dabei den Zucker langsam einrieseln lassen. Den Kuchen aus dem Ofen nehmen, die Baisermasse darauf verteilen und mit dem Teigspatel kleine Spitzen nach oben ziehen. Unter dem Backofengrill (oder Oberhitze 220 °C) 4 bis 5 Minuten hell anbräunen lassen. Den Schneehäubchen-Kuchen herausnehmen, vorsichtig aus der Form lösen und auf dem Kuchengitter abkühlen lassen.

ZUTATEN
FÜR 1 KASTENFORM (28 CM)

FÜR DEN TEIG:
+ **125 g Zartbitterschokolade (70 % Kakaoanteil)**
+ **30 ml Espresso**
+ **4 EL Kaffeelikör (z. B. Kahlúa)**
+ **200 g weiche Butter**
+ **175 g Zucker**
+ **40 g Vanillezucker**
+ **4 Eier**
+ **250 g Mehl**
+ **1—2 TL Backpulver**
+ **ca. 75 ml Milch**

FÜR DAS SCHNEEHÄUBCHEN:
+ **2 Eiweiß**
+ **3 EL Zucker**

AUSSERDEM:
+ **Butter und Mehl für die Form**

―――――

TIPP — *Schlagen Sie die Baisermasse nur so lange, bis sich der Zucker aufgelöst hat, sonst kann sich wieder Eiweiß am Boden absetzen. Ideal geeignet für Baiser ist der besonders feine Kristallzucker.*

FRÜCHTEKUCHEN
MIT SCHOKOLADENGLASUR

ZUBEREITUNG

01. Die Hefe zerbröckeln und in der Milch auflösen. Das Mehl mit 1 Prise Salz in eine Schüssel geben, in die Mitte eine Mulde drücken und die Hefemilch hineingießen. Etwas Mehl in die Hefemilch rühren, mit wenig Mehl bestäuben und den Vorteig zugedeckt an einem warmen Ort gehen lassen, bis sich an der Oberfläche Risse bilden.

02. Die Butter zerlassen und abkühlen lassen. Die Belegkirschen halbieren und die Apfelringe vierteln. Die flüssige Butter mit dem Zucker zum Vorteig geben und alles verkneten.

03. Rosinen, Zitronat, Orangeat, Kirschen und Apfelringe untermischen. Den Teig kneten, bis er Blasen wirft und sich vom Schüsselrand löst. Zugedeckt an einem warmen Ort gehen lassen, bis sich sein Volumen verdoppelt hat.

04. Die Kastenform einfetten und mit Mehl bestäuben. Den Teig kurz durchkneten, zu einem Strang formen und in die Form legen. In der Form zugedeckt nochmals 10 Minuten gehen lassen. Den Backofen auf 200 °C vorheizen.

05. Den Kuchen im Ofen auf der mittleren Schiene etwa 30 Minuten goldbraun backen. Herausnehmen, aus der Form stürzen und auf dem Kuchengitter abkühlen lassen.

06. Die Kuvertüre grob hacken und im heißen Wasserbad schmelzen lassen. Den Früchtekuchen mit der flüssigen Kuvertüre überziehen und trocknen lassen.

ZUTATEN
FÜR 1 KASTENFORM (28 CM)

+ **30 g frische Hefe**
+ **200 ml warme Milch**
+ **400 g Mehl**
+ **Salz**
+ **70 g Butter**
+ **50 g Belegkirschen**
+ **50 g getrocknete Apfelringe**
+ **50 g Zucker**
+ **60 g Rosinen**
+ **je 50 g Zitronat und Orangeat**
+ **Butter und Mehl für die Form**
+ **200 g dunkle Kuvertüre**

FRÜCHTEBROT
MIT MANDELN UND NÜSSEN

ZUTATEN FÜR 1 KASTENFORM (28 CM)

+ **Butter und Mehl für die Form**
+ **60 g getrocknete Feigen**
+ **40 g Walnüsse • 40 g Mandelstifte**
+ **40 g Zitronat und Orangeat**
+ **80 g Rosinen**
+ **225 g Mehl • 2 TL Backpulver**
+ **je 1 Msp. Zimt-, Ingwer-, Koriander- und Nelkenpulver • ½ TL gemahlener Sternanis**
+ **Salz • 80 g weiche Butter**
+ **175 g flüssiger Honig**
+ **2 Eier • 150 g Puderzucker**
+ **1–2 EL Zitronensaft**
+ **Belegkirschen**
+ **Walnusshälften**
+ **getrocknete Feigen**

ZUBEREITUNG

01. Den Backofen auf 180 °C vorheizen. Kastenform einfetten und mit Mehl bestäuben. Die Feigen und Walnüsse im Blitzhacker grob zerkleinern. Mit Mandeln, fein gehacktem Zitronat und Orangeat und den Rosinen mischen. In einer weiteren Schüssel das Mehl, Backpulver, Zimt-, Ingwer-, Koriander-, Nelken, Sternanis und ½ TL Salz mischen.

02. Die Butter mit den Quirlen des Handrührgeräts cremig schlagen, den Honig einrühren und die Eier einzeln untermischen. Die Mehlmischung löffelweise hinzufügen. Die Nuss-Früchte-Mischung unterheben.

Den Teig in die Kastenform füllen, glatt streichen und im Ofen auf der mittleren Schiene etwa 70 Minuten backen. Das Früchtebrot herausnehmen, aus der Form lösen und auf dem Kuchengitter abkühlen lassen.

03. Für die Verzierung den Puderzucker mit dem Zitronensaft zu einem dicklichen Guss verrühren und den Kuchen damit gleichmäßig überziehen. Mit Belegkirschen, Walnusshälften und Feigen dekorieren.

BANANENBROT
MIT APRIKOSEN UND ROSINEN

ZUTATEN FÜR 1 KASTENFORM (28 CM)

+ **Butter und Mehl für die Form**
+ **150 g reife Banane**
+ **150 g getrocknete Aprikosen**
+ **250 g weiche Butter**
+ **200 g brauner Zucker**
+ **5 Eier**
+ **1 TL abgeriebene Bio-Zitronenschale**
+ **1 TL gemahlener Kardamom**
+ **50 g Rosinen**
+ **200 g Mehl**
+ **100 g Mehl (Type 1050)**
+ **100 g Speisestärke**
+ **2 TL Backpulver**
+ **ca. 100 ml Milch**

ZUBEREITUNG

01. Den Backofen auf 180 °C vorheizen. Die Kastenform einfetten und mit Mehl bestäuben. Die Banane schälen und mit der Gabel fein zerdrücken. Die Aprikosen in kleine Würfel schneiden.

02. Die Butter und den Zucker mit den Quirlen des Handrührgeräts cremig schlagen, nach und nach die Eier unterrühren. Die Zitronenschale und den Kardamom hinzufügen, die Rosinen und Aprikosenstücke unterheben.

03. Die beiden Mehlsorten mit Speisestärke und Backpulver mischen und abwechselnd mit Bananenmus und Milch unter die Butter-Ei-Masse rühren. Den Teig in die Kastenform füllen und im Ofen auf der mittleren Schiene 60 bis 75 Minuten backen.

04. Das Bananenbrot herausnehmen, aus der Form lösen und auf dem Kuchengitter abkühlen lassen. Eingewickelt in etwas Geschenkpapier und mit einer bunten Schleife geschmückt, eignet sich dieses Brot perfekt als weihnachtliches Mitbringsel. Es bleibt etwa 1 Woche saftig.

APFELKUCHEN
MIT MANDELBAISER

ZUBEREITUNG

01. Für den Belag die Äpfel vierteln, schälen und die Kerngehäuse entfernen. Apfelviertel auf der Gemüsereibe raspeln und mit Zitronensaft und Rumrosinen mischen.

02. Den Backofen auf 200 °C vorheizen. Ein Backblech einfetten und mit Mehl bestäuben. Die Butter mit 100 g Zucker, dem Rum und dem Lebkuchengewürz mit den Quirlen des Handrührgeräts verrühren. Nach und nach Eier und Eigelbe unterrühren und die Masse hellschaumig schlagen. Das Mehl mit Speisestärke und Backpulver auf die Buttermasse sieben und mit der Milch unterheben.

03. Den Rührteig auf dem Blech verteilen und glatt streichen. Die Apfel-Rosinen-Mischung gleichmäßig auf dem Teig verteilen. Den Blechkuchen im Ofen auf der mittleren Schiene 20 Minuten backen.

04. Für das Baiser die Mandelblättchen in einer beschichteten Pfanne ohne Fett anrösten und abkühlen lassen. Die Eiweiße mit 1 Prise Salz zu steifem Schnee schlagen, dabei nach und nach den restlichen Zucker einrieseln lassen. Die Mandelblättchen unter den Eischnee heben.

05. Den Apfelkuchen aus dem Ofen nehmen und das Mandelbaiser gleichmäßig auf den Äpfeln verstreichen. Im Ofen weitere 15 bis 20 Minuten backen. Den Kuchen nach Belieben mit Puderzucker bestäuben und noch warm in Stücke schneiden.

ZUTATEN FÜR 1 BACKBLECH ODER CA. 20 STÜCK

+ 1,2 kg Äpfel
+ 1 EL Zitronensaft
+ 2 EL Rumrosinen (siehe Tipp)
+ Butter und Mehl für das Blech
+ 200 g weiche Butter
+ 250 g Zucker
+ 1 EL brauner Rum
+ ½–1 TL Lebkuchengewürz
+ 2 Eier
+ 3 Eigelb
+ 225 g Mehl
+ 50 g Speisestärke
+ 2 TL Backpulver
+ 4 EL Milch
+ 100 g Mandelblättchen
+ 3 Eiweiß
+ Salz

TIPP — *Für Rumrosinen weichen Sie die Rosinen in einer Schüssel mit 2 EL braunem Rum etwa 10 Minuten ein. Und für noch mehr Biss mischen Sie zusätzlich 1 EL geröstete Pinienkerne zum Obst.*

MINI-PANETTONE
MIT MANDELN UND ROSINEN

ZUBEREITUNG

01. Das Mehl in eine Schüssel sieben und in die Mitte eine Mulde drücken. Die Hefe zerbröckeln, mit 1 EL Zucker und der Milch verrühren und in die Mulde geben. Den Vorteig zugedeckt an einem warmen Ort 15 Minuten gehen lassen.

02. Das Mehl und den Vorteig mit Zitronen- und Orangenschale, restlichem Zucker, Butter, Ei und Eigelben zu einem elastischen Teig verkneten. Zugedeckt an einem warmen Ort etwa 1 Stunde gehen lassen.

03. Die kandierten Früchte fein hacken. Den Rum erhitzen, die Rosinen und die kandierten Früchte hinzufügen. Vom Herd nehmen und ziehen lassen, bis der Teig gegangen ist.

04. Die Mandelstifte in einer beschichteten Pfanne ohne Fett goldbraun rösten. 4 EL Puderzucker darüberstäuben und karamellisieren. 18 Back- oder Souffléförmchen (à 200 ml Inhalt) mit Pergamentpapier auslegen und den Papierrand etwas hochziehen.

05. Den Backofen auf 175 °C vorheizen. Kandierte Früchte, Rosinen und Mandeln unter den Teig kneten. Den Teig zu Kugeln formen, in die Förmchen setzen und nochmals 10 Minuten gehen lassen. Die Mini-Panettone im Ofen auf der mittleren Schiene 45 Minuten goldbraun backen. Die Panettone samt Papier aus den Förmchen heben und durch ein feines Sieb mit dem restlichen Puderzucker bestäuben.

TIPP — *Wer nicht so viele Förmchen hat, kann die Mini-Panettone auch nacheinander backen. Oder Sie umwickeln die Teigkugeln mit Pergamentpapier und backen die Mini-Panettone auf einem Blech.*

ZUTATEN
FÜR CA. 18 STÜCK

+ **250 g Mehl**
+ **½ Würfel frische Hefe (21 g)**
+ **50 g Zucker**
+ **50 ml warme Milch**
+ **abgeriebene Schale von je 1 Bio-Zitrone und Bio-Orange**
+ **100 g weiche Butter**
+ **1 Ei**
+ **2 Eigelb**
+ **80 g kandierte Früchte (z. B. Belegkirschen, Orangeat, Zitronat)**
+ **50 ml brauner Rum**
+ **80 g Rosinen**
+ **80 g Mandelstifte**
+ **6 EL Puderzucker**

CHRISTSTOLLEN
MIT ROSINEN

ZUBEREITUNG

01. Für den Hefeteig Orangeat und Zitronat in sehr feine Würfel schneiden. Die Rosinen mit dem Rum mischen und etwas ziehen lassen. Das Mehl in eine große Schüssel sieben und in die Mitte eine Mulde drücken. Die Hefe zerbröckeln, mit 1 EL Zucker und ¼ l Milch verrühren und in die Mulde geben. Den Vorteig zugedeckt an einem warmen Ort 15 Minuten gehen lassen.

02. Die Butter, den restlichen Zucker, 1 Prise Salz und die übrige Milch zum Vorteig geben. Alles mit den Knethaken des Handrührgeräts zu einem elastischen Teig verkneten. Orangeat, Zitronat, Rumrosinen und Mandeln unterkneten und den Teig an einem warmen Ort 1 Stunde gehen lassen, bis sich sein Volumen verdoppelt hat.

03. Ein Backblech mit Backpapier auslegen. Den Teig auf der bemehlten Arbeitsfläche nochmals kräftig durchkneten und anschließend halbieren. Die Hälften nacheinander mit dem Nudelholz ausrollen, zu Stollen formen und auf das Blech legen. Mit etwas warmem Wasser bestreichen und nochmals 30 Minuten gehen lassen.

04. Den Backofen auf 200 °C vorheizen. Die Stollen im Ofen auf der mittleren Schiene etwa 1 Stunde goldbraun backen. Die Christstollen herausnehmen, noch warm mit der zerlassenen Butter bestreichen und mit Zucker und Vanillezucker bestreuen. Vor dem Servieren dick mit Puderzucker bestäuben.

ZUTATEN FÜR 2 STOLLEN

FÜR DEN HEFETEIG:
+ je 150 g Orangeat und Zitronat
+ 350 g Rosinen
+ 50 ml Rum
+ 1 kg Mehl
+ 80 g frische Hefe
+ 180 g Zucker
+ ½ l lauwarme Milch
+ 400 g weiche Butter
+ Salz
+ 250 g geschälte gehackte Mandeln

AUSSERDEM:
+ Mehl für die Arbeitsfläche
+ 125 g flüssige Butter
+ 4 EL Zucker
+ 1 Päckchen Vanillezucker
+ 150 g Puderzucker

MARZIPANSTOLLEN
MIT MANDELN

ZUTATEN FÜR 1 STOLLEN

+ **500 g Mehl**
+ **Salz**
+ **1 Würfel frische Hefe (42 g)**
+ **65 g Zucker**
+ **125 ml lauwarme Milch**
+ **150 g weiche Butter**
+ **1 EL Vanillezucker**
+ **½ TL abgeriebene Bio-Zitronenschale**
+ **1 Msp. Macis (gemahlene Muskatblüte)**
+ **1 Msp. Nelkenpulver**
+ **1 Msp. Zimtpulver**
+ **100 g gemahlene geschälte Mandeln**
+ **je 100 g Rosinen, Orangeat und Zitronat**
+ **200 g Marzipanrohmasse**

ZUBEREITUNG

01. Das Mehl mit 1 Prise Salz in eine Schüssel geben und in die Mitte eine Mulde drücken. Die Hefe zerbröckeln, mit 1 EL Zucker und etwas Milch verrühren und in die Mulde geben. Den Vorteig zugedeckt an einem warmen Ort 15 Minuten gehen lassen.

02. Die Butter mit restlicher Milch und Zucker, Vanillezucker, Zitronenschale, Gewürzen und Mandeln zum Vorteig geben und alles mit den Knethaken des Handrührgeräts zu einem elastischen Teig verkneten. Den Hefeteig zugedeckt etwa 1 Stunde gehen lassen, bis sich sein Volumen verdoppelt hat.

03. Ein Blech mit Backpapier auslegen. Rosinen, fein gehacktes Orangeat und Zitronat mit dem Marzipan verkneten. Den Teig etwa 1 cm dick ausrollen. Die Marzipanmasse gleichmäßig darauf verteilen. Den Teig zu einem Stollen formen und auf das Blech legen. Den Stollen zugedeckt 30 Minuten gehen lassen.

04. Backofen auf 180°C vorheizen. Den Marzipanstollen im Ofen etwa 70 Minuten backen. Herausnehmen und abgekühlt mit Puderzucker bestäuben.

APFELSTRUDEL
MIT MARZIPAN

ZUTATEN FÜR 4 PERSONEN

+ **400 g Äpfel (z. B. Boskop, in dünnen Spalten)**
+ **Zitronensaft**
+ **100 g Marzipanrohmasse**
+ **5 Blätter Filoteig (aus dem Kühlregal)**
+ **Mehl für das Tuch**
+ **2 EL flüssige Butter**
+ **4 EL Zucker**
+ **2 EL gemahlene Mandeln**
+ **2 EL Rosinen**
+ **3 EL gehackte Mandeln**
+ **2 TL abgeriebene Bio-Orangenschale**
+ **Zimtpulver**
+ **Mehl zum Verarbeiten**

ZUBEREITUNG

01. Den Backofen auf 180 °C vorheizen. Ein tiefes Backblech mit Backpapier auslegen. Die Apfelspalten mit etwas Zitronensaft beträufeln. Das Marzipan in kleine Würfel schneiden.

02. Die Filoteigblätter auf einem bemehlten Küchentuch rasch mit etwas Butter bestreichen, mit jeweils 1 TL Zucker bestreuen und übereinanderschichten (Vorsicht, sie trocknen schnell aus!). Die letzte Schicht mit den gemahlenen Mandeln bestreuen.

03. Die Äpfel an der Längsseite des Teigs in einem Strang verteilen. An den Schmalseiten einen etwa 4 cm breiten Rand frei lassen.

Marzipan mit Rosinen, Mandeln und Orangenschale auf den Äpfeln verteilen. Mit restlichem Zucker und 1 Prise Zimt bestreuen. Die schmalen Teigseiten nach innen über die Füllung einschlagen und den Strudel mithilfe des Tuchs von der Längsseite her aufrollen.

04. Den Strudel mit der Nahtstelle nach unten auf das Backblech setzen und mit der restlichen flüssigen Butter bestreichen. Den Apfelstrudel im Ofen auf der mittleren Schiene etwa 30 Minuten backen.

04

RUND UM DEN ADVENT

MANDEL-ORANGEN-BUSSERL
UND WEIHNACHTSNOUGAT

ZUBEREITUNG

01. Für die Busserl den Backofen auf 190 °C vorheizen. Die Kuvertüre fein hacken. Die Mandeln in einer beschichteten Pfanne ohne Fett unter Rühren goldbraun rösten und abkühlen lassen. Die Eiweiße zu steifem Schnee schlagen, dabei nach und nach den Zucker einrieseln lassen. Den Honig unterrühren. Die Mandeln mit Mehl, Kakao und Kuvertüre mischen und portionsweise unter den Eischnee heben. Zuletzt die flüssige Butter untermischen.

02. Die Mandel-Schoko-Masse in einen Spritzbeutel mit großer Lochtülle füllen und etwa drei Viertel hoch in kleine Papierbackförmchen (à 10 ml Inhalt) spritzen. Die Orangenmarmelade in einen Spritzbeutel mit kleiner Lochtülle füllen und jeweils einen Tupfen in die Mitte der Busserl setzen. Busserl im Ofen auf der mittleren Schiene 12 bis 15 Minuten backen. Abkühlen lassen, mit Puderzucker bestäuben.

03. Für den Nougat eine Kastenkuchenform (28 cm Länge) einfetten und mit Frischhaltefolie auslegen. Nougat und 150 g dunkle Kuvertüre hacken. In einer Metallschüssel im heißen Wasserbad unter Rühren schmelzen. Mandelblättchen in einer beschichteten Pfanne ohne Fett rösten.

04. Die Belegkirschen vierteln und mit Orangenlikör beträufeln. Mit den Pistazien und den Mandeln mischen, unter die Nougatmischung rühren und alles in die Kastenform füllen. Den Weihnachtsnougat im Kühlschrank mindestens 2 Stunden fest werden lassen.

05. Weihnachtsnougat mithilfe der Folie aus der Form stürzen, in ½ cm dicke Scheiben und diese dann in Würfel schneiden. Für die Glasur die restliche Kuvertüre hacken und in einer Metallschüssel im heißen Wasserbad schmelzen lassen. Die Nougatwürfel mithilfe einer Gabel zur Hälfte in die Kuvertüre tauchen und auf Backpapier trocknen lassen.

ZUTATEN FÜR JEWEILS CA. 60 STÜCK

FÜR DIE BUSSERL:

+ **40 g dunkle Kuvertüre**
+ **50 g gemahlene Mandeln**
+ **4 Eiweiß**
+ **125 g Zucker**
+ **1 TL Honig**
+ **50 g Mehl**
+ **2 EL Kakaopulver**
+ **75 g flüssige Butter**
+ **ca. 200 g Orangenmarmelade**
+ **Puderzucker zum Bestäuben**

FÜR DEN WEIHNACHTSNOUGAT:

+ **Öl für die Form**
+ **400 g dunkler Nougat**
+ **400 g dunkle Kuvertüre**
+ **100 g Mandelblättchen**
+ **140 g Belegkirschen**
+ **1 EL Orangenlikör (z. B. Grand Marnier)**
+ **50 g Pistazien**

CAKE POPS
MIT HASELNÜSSEN

ZUBEREITUNG

01. Den Backofen auf 180 °C vorheizen. Eine Springform (28 cm Durchmesser) mit Backpapier auslegen. Die Butter mit dem Zucker und 1 Prise Zimt cremig rühren. Die Eier einzeln hinzufügen und unterrühren. Das Mehl mit den Nüssen, dem Kakao und dem Backpulver mischen. Löffelweise abwechselnd mit der Milch unter die Butter-Ei-Masse rühren, bis ein dickflüssiger, zäher Teig entsteht.

02. Den Teig in die Springform füllen und im Ofen auf der mittleren Schiene etwa 30 Minuten backen. Den Kuchen herausnehmen, abkühlen lassen, aus der Form lösen und in eine Schüssel zerbröseln.

03. Für die Creme die Butter mit dem Puderzucker cremig schlagen und den Frischkäse nach und nach unterrühren. Die Butter-Frischkäse-Creme mit den Kuchenbröseln mischen und kleine Bällchen daraus formen. Diese auf lange Holzspieße oder Lollistiele stecken und für etwa 1 Stunde kühl stellen.

04. Die Kuvertüre grob hacken und in einer Metallschüssel im heißen Wasserbad schmelzen. Die Sahne und das Öl unterrühren. Die Cake Pops in die Schokolade tauchen und komplett damit überziehen. Etwas abtropfen lassen und in gehackten Haselnüssen oder Kakao wälzen. Stehend (z.B. auf eine Styroporplatte oder Steckschaum stecken) trocknen lassen und zum Verschenken einzeln in Zellophanfolie verpacken.

ZUTATEN
FÜR CA. 20 STÜCK

FÜR DEN TEIG:

+ **75 g weiche Butter**
+ **75 g Zucker**
+ **Zimtpulver**
+ **2 Eier**
+ **100 g Mehl**
+ **40 gemahlene Haselnüsse**
+ **1 EL Kakaopulver**
+ **1 Msp. Backpulver**
+ **4 EL Milch**

FÜR DIE CREME:

+ **40 g weiche Butter**
+ **60 g Puderzucker**
+ **100 g Frischkäse**

ZUM VERZIEREN:

+ **200 g Zartbitterkuvertüre**
+ **2—3 EL Sahne**
+ **1 TL Öl**
+ **gehackte Haselnüsse und Kakaopulver zum Wälzen**

TIPP — *Cake Pops sind die perfekte Resteverwertung: Wenn Sie vom Vortag noch Rührkuchen — wie Sand- oder Marmorkuchen — übrig haben, können Sie daraus wunderbar die Küchlein am Stiel zaubern.*

KARAMELL-TOFFEE
MIT MEERSALZ

ZUBEREITUNG

01. Die Crème double mit der Kondensmilch in einem kleinen Topf erhitzen, aber nicht kochen lassen.

02. Den Sirup mit dem Zucker und 60 ml Wasser ebenfalls in einen Topf geben. Unter Rühren erhitzen und kochen lassen, bis sich der Zucker gelöst hat. Anschließend nicht mehr rühren und mithilfe des Zuckerthermometers auf 120 °C erhitzen. Die Hitze reduzieren, die Butter in Stücken sowie den warmen Créme-double-Kondensmilch-Mix einrühren.

03. Unter Rühren wieder auf 110 °C erhitzen. Vom Herd nehmen und die Masse vorsichtig in kleine Pralinenförmchen füllen. Mindestens 2 bis 3 Stunden abkühlen lassen und mit Meersalz-Flakes bestreuen.

TIPP — *Ohne Zuckerthermometer erfordert das Kochen von Zucker sehr viel Fingerspitzengefühl. Die Konsistenz des Zuckers verändert sich nämlich schon bei einem geringen Temperaturunterschied.*

ZUTATEN
FÜR CA. 40 STÜCK

+ **250 g Crème double**
+ **180 ml Kondensmilch**
+ **¼ l heller Zuckerrübensirup**
+ **220 g Zucker**
+ **60 g Butter**
+ **Meersalz-Flakes**
  zum Bestreuen

QUITTENBROT
MIT APFEL

ZUTATEN FÜR CA. 100 STÜCK

+ 1½ kg Quitten
+ ½ kg Äpfel
+ 1 kg Gelierzucker (2:1)

ZUBEREITUNG

01. Den Backofen auf 160 °C vorheizen. Das Backblech mit Backpapier auslegen. Die Quitten mit einem Tuch gründlich abreiben, vierteln und die Stiel- und Blütenansätze entfernen. Die Äpfel vierteln, schälen und die Kerngehäuse entfernen. Das Obst auf dem Backblech verteilen und im Ofen auf der untersten Schiene etwa 1 Stunde garen. Herausnehmen und abkühlen lassen.

02. Die weichen Quitten und Äpfel in einen großen Topf füllen und pürieren. Das Püree mit dem Gelierzucker mischen, unter Rühren erhitzen und etwas köcheln lassen. Es hat die richtige Konsistenz, wenn es sich beim Umrühren vom Topfboden löst. Die Masse auf ein mit Backpapier belegtes Backblech streichen und im Ofen bei 50 °C 3 bis 4 Stunden trocknen lassen.

03. Das Quittenbrot nach Belieben mit Ausstechförmchen wie Herzen, Sterne oder Rauten ausstechen oder in Würfel schneiden. Zwischen Backpapierlagen schichten und luftdicht verschlossen aufbewahren.

KIPFERL
MIT NUSSFÜLLUNG

ZUTATEN FÜR CA. 60 STÜCK

FÜR DEN TEIG:
+ **250 g weiche Butter**
+ **1 EL Zucker**
+ **1 EL Vanillezucker**
+ **Salz**
+ **4 Eigelb**
+ **ca. 400 g Mehl**
+ **Mehl für die Arbeitsfläche**

FÜR DIE FÜLLUNG:
+ **3 Eiweiß**
+ **200 g Zucker**
+ **250 g gemahlene Nüsse (z. B. Mandeln, Haselnüsse)**
+ **Puderzucker zum Bestäuben**

ZUBEREITUNG

01. Für den Teig die Butter mit Zucker, Vanillezucker und 1 Prise Salz cremig rühren. Die Eigelbe unterrühren und die Masse schaumig schlagen. Das Mehl sieben und hinzufügen. Alles zu einem glatten Teig verkneten. Bei Bedarf noch etwas Mehl oder noch 1 bis 2 EL kaltes Wasser hinzufügen. Den Teig zu einer Kugel formen, in Frischhaltefolie wickeln und etwa 1 Stunde kühl stellen.

02. Für die Füllung die Eiweiße steif schlagen, dabei den Zucker einrieseln lassen und nochmals steif schlagen. Die Nüsse dazugeben und unterheben.

03. Den Backofen auf 175 °C vorheizen. Ein Backblech mit Backpapier belegen. Den Teig auf der bemehlten Arbeitsfläche etwa 4 mm dünn ausrollen. In Dreiecke (etwa 8 cm an der unteren Kante) schneiden und jeweils mittig etwas Füllung daraufgeben. Zu Kipferln rollen und auf das Blech legen. Die Kipferl im Ofen auf der mittleren Schiene etwa 20 Minuten goldbraun backen.

04. Die Kipferl mit dem Backpapier vom Blech auf ein Kuchengitter ziehen und auskühlen lassen. Mit Puderzucker bestäuben.

ANANAS-SPITZEN
MIT MARZIPAN

ZUBEREITUNG

01. Den Backofen auf 200 °C vorheizen. Ein Backblech mit Backpapier auslegen. Das Marzipan mit der Küchenreibe in eine Schüssel reiben. Das Eigelb, die gemahlenen Mandeln, das Mehl und die Butter hinzufügen und alles zu einem geschmeidigen Teig verkneten. Den Teig zu einer langen Rolle formen, 40 gleich große Stücke abteilen und zu Kugeln formen.

02. Mit einem Kochlöffelstiel in jedes Stück eine Mulde drücken und 1 Ananaswürfel hineinsetzen. Den Teig um den Würfel herum zu einem Kegel formen, mit der Unterseite in die gehackten Mandeln tauchen und etwas festdrücken.

03. Die Teig-Ananas-Würfel auf das Backblech legen und im Ofen auf der mittleren Schiene etwa 10 Minuten backen, bis die Spitzen leicht hellbraun werden.

04. Die Ananas-Spitzen herausnehmen und auf dem Kuchengitter auskühlen lassen. Zum Aufbewahren luftdicht verpacken, damit das Marzipan nicht austrocknet.

———

TIPP — *Falls Sie die Ananas für dieses Rezept selbst kandieren wollen, dann verarbeiten Sie sie so wie die Orangenscheiben im Rezept auf S. 118. Alternativ können Sie auch Mangos verwenden.*

ZUTATEN
FÜR CA. 40 STÜCK

+ **200 g Marzipanrohmasse**
+ **1 Eigelb**
+ **100 g gemahlene geschälte Mandeln**
+ **3 EL Mehl**
+ **50 g weiche Butter**
+ **40 Würfel kandierte Ananas**
+ **100 g gehackte geschälte Mandeln**

MANDELKONFEKT
MIT DUNKLER SCHOKOLADE

ZUTATEN FÜR CA. 60 STÜCK

+ **300 g Mandelstifte**
+ **½ Bio-Orange**
+ **2 EL kandierter Ingwer**
+ **350 g Zartbitterschokolade**
  (mind. 50 % Kakaoanteil)

ZUBEREITUNG

01. Die Mandelstifte in einer großen Pfanne ohne Fett hellbraun anrösten, herausnehmen und abkühlen lassen. Die Orange heiß waschen, trocken reiben und die Schale fein abreiben. Den Ingwer im Blitzhacker zerkleinern.

02. Die Schokolade grob hacken und in einer Metallschüssel im heißen Wasserbad schmelzen lassen. Die Mandeln, die Orangenschale und den Ingwer untermischen.

03. Von der Mandelmasse mit zwei nassen Teelöffeln kleine Portionen abnehmen und in Pralinenförmchen setzen. Das Mandelkonfekt mindestens 12 Stunden kühl stellen und fest werden lassen.

WALNUSS-SCHOKO-KONFEKT
MIT MARZIPAN

ZUTATEN FÜR CA. 25 STÜCK

+ 125 g geschälte Mandeln
+ 75 g geschälte Pistazienkerne
+ 175 g Puderzucker
+ 3 EL Rosenwasser (aus der Apotheke)
+ 50 Walnusskernhälften
+ 150 g Zartbitterkuvertüre

ZUBEREITUNG

01.   Die Mandeln und die Pistazien in der Küchenmaschine fein zermahlen. Den Puderzucker und das Rosenwasser nach und nach hinzufügen und so lange unterrühren, bis eine feste Masse entstanden ist.

02.   Mit einem Teelöffel jeweils etwas von der Mandelmasse auf eine Walnusshälfte streichen, eine zweite Hälfte daraufsetzen. Beide Hälften leicht andrücken.

03.   Die Kuvertüre grob hacken und in einer Metallschüssel im heißen Wasserbad schmelzen lassen. Vom Herd ziehen und leicht abkühlen lassen. Die Walnüsse zur Hälfte in die flüssige Kuvertüre tauchen, auf das Kuchengitter legen und trocknen lassen. Nach Belieben nach dem Trocknen in kleine Pralinenförmchen setzen.

NUSSKNUSPERCHEN
MIT WEISSER SCHOKOLADE

ZUBEREITUNG

01. Die getrockneten Früchte und die Nüsse grob hacken. Die Kuvertüre ebenfalls grob hacken und in einer Metallschüssel im heißen Wasserbad unter Rühren schmelzen, dann etwas abkühlen lassen.

02. Die Trockenfrüchte, die Nüsse und die Cornflakes in die flüssige Kuvertüre geben und vorsichtig unterheben. Einen Bogen Backpapier auslegen.

03. Mit zwei nassen Teelöffeln kleine Portionen von der Schoko-Nuss-Masse abnehmen und als Häufchen auf das Backpapier setzen. Die Nussknusperchen trocknen lassen.

04. Nach Belieben 50 g gehackte weiße Kuvertüre schmelzen, in einen Gefrierbeutel füllen und am unteren Ende eine kleine Ecke abschneiden. Die Nussknusperchen mit feinen Linien verzieren.

————

TIPP — *Besonders hübsch sieht es aus, wenn Sie die fertigen Pralinen in goldene oder bunte Papierförmchen setzen. Verpackt in Zellophan und mit bunter Schleife verziert, ein tolles Geschenk!*

ZUTATEN
FÜR CA. 30 STÜCK

+ **40 g gemischte getrocknete Früchte (z. B. Rosinen, Kirschen, Cranberrys)**
+ **40 g gemischte Nüsse (z. B. Pekannüsse, Walnüsse, Macadamianüsse)**
+ **200 g weiße Kuvertüre**
+ **70 g Cornflakes**

ERDNUSSBUTTER-FUDGE
MIT SCHOKOKARAMELL

ZUBEREITUNG

01. Eine flache Kuchenform (20 × 20 cm) einfetten. Die Butter in einem Topf schmelzen lassen. Den braunen Zucker und die Milch unterrühren und die Mischung unter Rühren etwa 2 Minuten sprudelnd kochen lassen. Vom Herd nehmen, die Erdnussbutter und das Vanillearoma unterrühren.

02. Die Erdnussbutter-Masse mit dem Puderzucker zu einer glatten Masse verarbeiten. Etwa ein Fünftel davon beiseitestellen. Die restliche Fudge-Masse in die Kuchenform füllen und glatt streichen. Zugedeckt im Kühlschrank etwa 2 Stunden fest werden lassen.

03. Ein Backblech mit Backpapier auslegen. Die Kuvertüre grob hacken und in einer Metallschüssel im heißen Wasserbad schmelzen lassen. Die beiseitegestellte Fudge-Masse dazugeben und gut unterrühren. In einen Spritzbeutel mit glatter Tülle füllen und auf das Backblech Tupfen aufspritzen. Mit den Erdnüssen bestreuen und abgedeckt kühl stellen.

04. Das Erdnussbutter-Fudge aus der Form stürzen und in gleich große Würfel schneiden. Jeweils 1 Schoko-Karamell daraufsetzen und leicht andrücken.

———

TIPP — *Falls Sie eine Variante mit Schuss bevorzugen, dann rühren Sie doch einfach etwas Rum, Schokolikör oder Vanillelikör unter die geschmolzene Schokolade.*

ZUTATEN
FÜR 50–60 STÜCK

+ **Butter für die Form**
+ **120 g Butter**
+ **500 g brauner Zucker**
+ **120 ml Milch**
+ **175 g cremige Erdnussbutter**
+ **einige Tropfen Vanillearoma**
+ **375 g Puderzucker**
+ **100 g Zartbitterkuvertüre**
+ **100 g gehackte Erdnüsse**

RUMKUGELN
MIT SCHOKOSPLITTERN

ZUTATEN FÜR CA. 70 STÜCK

FÜR DIE RUMKUGELN:

+ 140 g Mandeln
+ 175 g Zartbitterkuvertüre
+ 4 EL Rum (54 Vol.- %)
+ 1 TL Bio-Orangenschale
+ 100 g weiche Butter
+ 250 g Puderzucker

ZUM WÄLZEN:

+ 50 g Zartbitterschokolade
+ 100 g Vollmilchschokolade

ZUBEREITUNG

01. Die Mandeln im Blitzhacker fein hacken. Die Kuvertüre grob zerkleinern und in einer Metallschüssel im heißen Wasserbad schmelzen. Rum, Orangenschale und die gemahlenen Mandeln unter die flüssige Schokolade rühren.

02. Die Butter in einer Schüssel mit den Quirlen des Handrührgeräts cremig schlagen. Den Puderzucker unter die Buttermasse rühren. Die Buttercreme löffelweise mit der Schokoladenmasse mischen. Die Schüssel in Eiswasser stellen, einige Minuten abkühlen lassen.

03. In der Zwischenzeit die beiden Schokoladensorten zum Wälzen im Blitzhacker zu feinen Krümeln hacken und mischen. Auf einem flachen Teller bereitstellen.

04. Zum Pralinenformen mit einem Teelöffel haselnussgroße Portionen von der Rum-Schoko-Masse abstechen. Mit kühlen Händen daraus kleine Kugeln rollen. In den Schokokrümeln wälzen und auf Backpapier setzen. Auf diese Weise die ganze Masse verarbeiten. Die Rumkugeln im Kühlschrank etwa 6 Stunden fest werden lassen.

PETITS FOURS
MIT MARZIPAN UND RUM

ZUTATEN FÜR CA. 15 STÜCK

FÜR DEN BISKUIT:
+ **5 Eier (getrennt)** • **150 g Zucker**
+ **50 g weiche Butter**
+ **75 g Mehl** • **50 g Speisestärke**
+ **50 g geriebene Mandeln**

FÜR DIE FÜLLUNG:
+ **100 g Aprikosenkonfitüre**
+ **200 g Marzipanrohmasse**
+ **4 EL brauner Rum**

FÜR DEN ÜBERZUG:
+ **250 g Marzipanrohmasse**
  (gerieben, goldgelb gefärbt)
+ **3 EL Puderzucker**

ZUBEREITUNG

01. Für den Biskuit den Backofen auf 180 °C vorheizen. Ein Backblech mit Backpapier auslegen. Die Eigelbe mit dem Zucker in einer Schüssel schaumig schlagen, dann die Butter unterrühren. Mehl, Speisestärke und Mandeln unterziehen. Die Eiweiße zu steifem Schnee schlagen und nach und nach unterheben.

02. Den Teig fingerdick auf das Blech streichen und im Ofen auf der mittleren Schiene etwa 12 Minuten backen. Herausnehmen, stürzen, das Backpapier abziehen und abkühlen lassen.

03. Für die Füllung die Konfitüre erhitzen und mit dem Stabmixer fein pürieren. Den Biskuit zuerst längs, dann beide Platten quer halbieren und jeweils an der geschnittenen Seite mit der Konfitüre bestreichen. Das Marzipan mit dem Rum glatt rühren und auf die Konfitüre streichen. Die Platten aufeinandersetzen und in kleine Quadrate schneiden.

04. Für den Überzug Marzipan und Puderzucker verkneten, ausrollen und daraus große Kreise ausschneiden. Auf die Petits Fours legen, die Seiten andrücken und überstehende Ränder abschneiden. Nach Belieben verzieren.

ESPRESSO-KUGELN
UND SCHOKO-CANTUCCINI

ZUBEREITUNG

01.   Für die Espresso-Kugeln am Vortag die Schokolade fein hacken. Sahne erwärmen, Schokolade und Butter hinzufügen und unter Rühren darin schmelzen lassen. Espresso und Kaffeelikör unterrühren, die Mischung abkühlen und im Kühlschrank über Nacht fest werden lassen.

02.   Am nächsten Tag die Espresso-Schoko-Masse in 20 kleine Portionen teilen, mit den Händen zu Kugeln formen und im Kakao wälzen. Auf ein mit Backpapier ausgelegtes Backblech setzen und 1 Stunde kühl stellen.

03.   Inzwischen zum Verzieren das Marzipan mit dem Puderzucker verkneten. Zwei Drittel davon mit einigen Tropfen grüner Lebensmittelfarbe grün, den Rest rot färben. Grünes Marzipan auf der mit Puderzucker bestäubten Arbeitsfläche 2 bis 3 mm dick ausrollen, 20 Blätter (à etwa 2 cm Länge) ausstechen. Aus dem roten Marzipan 20 kleine Kugeln (à etwa ½ cm Durchmesser) drehen. Auf jeder Espressokugel mit etwas Kuvertüre je 1 Blatt und 1 Beere befestigen.

04.   Für die Schoko-Cantuccini Mehl mit Backpulver, Zucker und Kakao auf die Arbeitsfläche häufen, in die Mitte eine Mulde drücken. Butter sowie Eier und Milch in die Mulde geben und alles rasch mit kühlen Händen zu einem Teig verkneten. Zum Schluss die Mandeln unterkneten. Den Teig zu 5 Rollen formen, mit Mehl bestäuben, in Frischhaltefolie wickeln und 30 Minuten kühl stellen.

05.   Den Backofen auf 200 °C vorheizen. Die Teigrollen mit etwas Abstand auf ein mit Backpapier ausgelegtes Backblech legen. Im Ofen auf der mittleren Schiene etwa 15 Minuten backen. Herausnehmen, die Rollen schräg in 2 cm dicke Scheiben schneiden. Die Cantuccini auf das Blech legen und im Ofen bei 160 °C etwa 15 Minuten fertig backen. Herausnehmen, abkühlen lassen und mit Puderzucker bestäuben.

ZUTATEN
FÜR CA. 20 BZW. 60 STÜCK

FÜR DIE ESPRESSO-KUGELN:

+ **225 g Vollmilchschokolade**
+ **150 g Sahne**
+ **2 ½ EL Butter**
+ **3 EL starker Espresso**
+ **1 EL Kaffeelikör (z. B. Kahlúa)**
+ **ca. 3 EL Kakaopulver**
+ **80 g Marzipanrohmasse**
+ **100 g Puderzucker**
+ **grüne und rote Lebensmittelfarbe**
+ **Puderzucker für die Arbeitsfläche**
+ **2 EL geschmolzene dunkle Kuvertüre**

FÜR DIE SCHOKO-CANTUCCINI:

+ **250 g Mehl**
+ **1 TL Backpulver**
+ **175 g Zucker**
+ **3 EL Kakaopulver**
+ **30 g Butter**
+ **2 Eier**
+ **2 EL Milch**
+ **200 g geschälte Mandeln**
+ **Mehl und Puderzucker zum Bestäuben**

SCHOKO-BROWNIES
MIT WALNÜSSEN UND VANILLE

ZUBEREITUNG

01. Den Backofen auf 200°C vorheizen. Eine quadratische Kuchen- oder Auflaufform (20 × 20 cm) einfetten. Die Schokolade hacken, die Butter in Stücke schneiden. Beides in einer Metallschüssel im heißen Wasserbad unter Rühren schmelzen lassen.

02. Die Eier mit dem braunen Zucker in einer Schüssel mit den Quirlen des Handrührgeräts dickschaumig rühren. Nach und nach die Schokoladenbutter unterrühren.

03. Das Mehl mit Backpulver, 1 Prise Salz und Vanille mischen. Die Walnüsse fein hacken und mit der Mehl-mischung unter den Teig rühren.

04. Den Teig in die Form füllen, glatt streichen und im Ofen auf der mittleren Schiene etwa 30 Minuten backen. Die Schokoplatte etwas abkühlen lassen, auf das Kuchen-gitter stürzen und auskühlen lassen. Anschließend in etwa 5 cm große Würfel schneiden.

05. Nach Belieben aus Papier oder Karton eine Stern-schablone schneiden und auf die Brownies legen. Dann durch ein feines Sieb mit Puderzucker bestäuben und die Schablone entfernen.

TIPP — *Original amerikanische Brownies sind in der Mitte noch cremig-weich und feucht. Falls Sie diesen typisch American Style bevorzugen, ziehen Sie von der Backzeit einfach 5 Minuten ab.*

ZUTATEN
FÜR CA. 20 STÜCK

+ **Butter für die Form**
+ **125 g Zartbitterschokolade**
+ **125 g Butter**
+ **2 Eier**
+ **150 g brauner Zucker**
+ **100 g Mehl**
+ **½ TL Backpulver**
+ **Salz**
+ **1 TL gemahlene Vanille**
+ **150 g Walnüsse**
+ **Puderzucker zum Bestäuben**

MARZIPANDATTELN
MIT PISTAZIEN UND SCHOKOLADE

ZUBEREITUNG

01. Die Pistazien im Blitzhacker fein mahlen. Das Marzipan in kleine Würfel schneiden und mit Pistazien und Likör gut verkneten. Die Masse halbieren und eine Hälfte beiseitelegen. Die Datteln mit der Hälfte der Marzipanmasse füllen und leicht zusammendrücken.

02. Zum Verzieren die dunkle Kuvertüre grob hacken und in einer Schüssel im heißen Wasserbad unter Rühren schmelzen lassen. Die Pistazien halbieren. Die Hälfte der Datteln mit einer Pralinengabel oder einem langen Holzspieß in die flüssige Kuvertüre tauchen und auf das Kuchengitter setzen. Mit je 1 Pistazienhälfte belegen und den Kuvertüreüberzug etwa 2 Stunden trocknen lassen.

03. Die restliche Marzipanmasse in einen Spritzbeutel mit kleiner Sterntülle füllen. Die weiße Kuvertüre grob hacken und in einer Schüssel im heißen Wasserbad schmelzen. Kuvertüre in einen Gefrierbeutel füllen und am unteren Ende eine kleine Ecke abschneiden. Datteln ohne Überzug mit der Marzipanmasse und je 1 Streifen weißer Kuvertüre verzieren. Je 1 kandiertes Veilchen daraufsetzen, mit extrafeinem Zucker bestreuen. Die Datteln kühl aufbewahren.

ZUTATEN
FÜR 40 STÜCK

+ **80 g Pistazienkerne**
+ **350 g Marzipanrohmasse**
+ **80 ml Maraschino**
  (ital. Kirschlikör)
+ **40 getrocknete Datteln**
  (ohne Stein)

ZUM VERZIEREN:
+ **200 g dunkle Kuvertüre**
+ **10 Pistazienkerne**
+ **50 g gehackte weiße**
  Kuvertüre
+ **20 kandierte Veilchen**
  (aus dem Feinkostladen)
+ **feinster Zucker**
  zum Bestreuen

———

TIPP — *So können Sie Veilchen selbst kandieren: Blüten in ungeschlagenes Eiweiß eintauchen, mit feinem Zucker rundum bestreuen und vollständig trocknen lassen. Die Blüten halten sich einige Tage.*

GEFÜLLTE BRATÄPFEL
MIT NÜSSEN UND HONIG

ZUTATEN FÜR 4 PERSONEN

+ **2 EL Rosinen**
+ **125 ml Apfelsaft**
+ **4 große Äpfel (à ca. 200 g; z. B. Boskop)**
+ **1 EL Zitronensaft**
+ **Butter für die Form**
+ **60 g geröstete Haselnüsse**
+ **3 EL weiche Butter**
+ **1 Msp. Zimtpulver**
+ **1 EL Honig**
+ **1 TL abgeriebene Bio-Zitronenschale**

ZUBEREITUNG

01. Die Rosinen in einer kleinen Schüssel im Saft einweichen. Die Äpfel waschen, trocken reiben und jeweils einen Deckel abschneiden. Nach Belieben längs ein paar breite Streifen Schale abschälen. Mit einem Apfelausstecher die Kerngehäuse entfernen. Das Fruchtfleisch bis auf einen 1 cm dicken Rand mit einem Löffel herauslösen und die Äpfel innen mit Zitronensaft bestreichen.

02. Eine Auflaufform einfetten. Die Rosinen abtropfen lassen, den Saft dabei auffangen und in die Form gießen. Die Haselnüsse grob hacken und in einer Schüssel mit den Rosinen, 2 EL Butter, dem Zimt, dem Honig und der Zitronenschale mischen.

03. Den Backofen auf 180 °C vorheizen. Die Äpfel großzügig mit der Nussmischung füllen, die Deckel aufsetzen und die gefüllten Äpfel in die Form stellen. Die restliche Butter in Flocken auf den Äpfeln verteilen und die Äpfel im Ofen auf der mittleren Schiene etwa 25 Minuten backen. Die Bratäpfel herausnehmen und nach Belieben mit Vanillesauce servieren.

BRATÄPFEL
MIT APRIKOSEN UND MINZE

ZUTATEN FÜR 4 PERSONEN

+ 100 g getrocknete Aprikosen
+ 1 Bio-Orange
+ 8 Minzeblätter
+ 75 g Marzipanrohmasse
+ 2 EL brauner Rum
+ 4 große Äpfel (à ca. 200 g; z. B. Boskop)
+ 1 EL Zitronensaft
+ Butter für die Form
+ 3 EL flüssige Butter
+ Puderzucker zum Bestäuben
+ 4 Kugeln Vanilleeis (Fertigprodukt)
+ Minzeblätter für die Deko

ZUBEREITUNG

01. Die Aprikosen etwa 20 Minuten in lauwarmem Wasser einweichen. Die Orange heiß waschen und trocken reiben. Die Hälfte der Schale fein abreiben, dann die Orange auspressen. Minzeblätter waschen, trocken tupfen und in feine Streifen schneiden.

02. Die Aprikosen abtropfen lassen und in kleine Würfel schneiden. Marzipan mit dem Rum und dem Orangensaft cremig rühren, die Aprikosenwürfel und die Minzestreifen untermischen. Den Backofen auf 180 °C vorheizen.

03. Die Äpfel waschen und jeweils einen Deckel abschneiden. Mit einem Apfelaus-stecher die Kerngehäuse entfernen. Das Fruchtfleisch bis auf einen 1 cm dicken Rand mit einem Löffel herauslösen, die Äpfel innen mit Zitronensaft bestreichen. Mit der Aprikosenmischung füllen und die Deckel wieder aufsetzen.

04. Eine Auflaufform einfetten. Die gefüllten Äpfel in die Form setzen, mit flüssiger Butter beträufeln und mit etwas Puderzucker bestäuben. Im Ofen auf der mittleren Schiene etwa 25 Minuten backen. Die Bratäpfel mit jeweils 1 Kugel Vanilleeis anrichten und mit Minze garnieren.

KANDIERTE ORANGENSCHEIBEN
MIT SCHOKOLADE

ZUBEREITUNG

01. Am Vortag den Zucker mit 1 l Wasser aufkochen und etwa 5 Minuten köcheln lassen, bis sich der Zucker gelöst hat. Anschließend lauwarm abkühlen lassen.

02. Die Orangen heiß waschen, trocken tupfen und in 3 bis 4 mm dünne Scheiben schneiden. Nebeneinander auf ein gelochtes Blech oder feines Sieb legen und in eine flache Form oder auf ein Blech stellen. Mit dem Sirup bedecken und etwa 12 Stunden ziehen lassen.

03. Den Sirup abgießen, erneut aufkochen und leicht abkühlen lassen. Wieder über die Orangen gießen und diese weitere 12 Stunden ziehen lassen.

04. Am nächsten Tag die Orangen aus dem Sirup nehmen und auf einem Gitter abtropfen lassen, 1 bis 2 Tage trocknen lassen.

05. Die Kuvertüre grob hacken und in einer Metallschüssel im heißen Wasserbad schmelzen lassen. Vom Herd nehmen und die Orangenscheiben etwa bis zur Hälfte eintauchen. Auf Backpapier legen und trocknen lassen.

───────

TIPP — *So lassen sich auch andere Obstsorten kandieren, etwa Äpfel, Pflaumen, Aprikosen oder Ananas. Ingwerscheiben können Sie ebenso verarbeiten und mit verschiedenen Schokoladensorten überziehen.*

ZUTATEN
FÜR CA. 40 STÜCK

+ **1 kg Zucker**
+ **4 Bio-Orangen**
+ **350 g Zartbitterkuvertüre**

GEWÜRZ-PARFAIT
MIT MANDELBLÄTTCHEN

ZUBEREITUNG

01. Für das Parfait die Eigelbe und das Ei mit der Hälfte des Zuckers, dem Vanillemark, den gemahlenen Gewürzen und der Zitronenschale in einer Metallschüssel hellschaumig schlagen.

02. Den restlichen Zucker mit 3 EL Wasser in einem kleinen Topf bei schwacher Hitze etwa 1 Minute sirupartig einkochen lassen. Den Zuckersirup unter den Eierschaum rühren und im warmen Wasserbad schaumig aufschlagen. Den Eierschaum im eiskalten Wasserbad kalt schlagen.

03. Die Sahne halb steif schlagen und unter den kalten Eierschaum heben. Eine flache, eckige Auflaufform einfetten und mit Backpapier auslegen. Die Parfaitmasse etwa 1 cm hoch darin verteilen, mit Rumrosinen bestreuen und im Tiefkühlfach etwa 2 Stunden gefrieren lassen.

04. Für die Glasur die Kuvertüre grob hacken und in einer Metallschüssel im heißen Wasserbad unter Rühren schmelzen lassen. Das Gewürz-Parfait aus dem Tiefkühlfach nehmen und mit der flüssigen Kuvertüre bestreichen. Das Parfait weitere 10 Minuten in das Tiefkühlfach stellen.

05. Die Mandelblättchen in einer beschichteten Pfanne ohne Fett anrösten und abkühlen lassen. Das Parfait aus dem Tiefkühlfach nehmen und in Rechtecke schneiden. Sofort mit den gerösteten Mandelblättchen bestreuen, durch ein feines Sieb mit Puderzucker bestäuben und servieren.

ZUTATEN FÜR 4 PERSONEN

FÜR DAS PARFAIT:
+ 2 Eigelb
+ 1 Ei
+ 60 g Zucker
+ Mark von ½ Vanilleschote
+ je 1 Msp. gemahlener Kardamom, Zimt- und Nelkenpulver
+ 1 Msp. abgeriebene Bio-Zitronenschale
+ 200 g Sahne
+ Öl für die Form
+ 2 EL Rumrosinen (siehe Tipp S. 82)

FÜR DIE GLASUR:
+ 100 g Vollmilchkuvertüre

ZUM VERZIEREN:
+ 2 EL Mandelblättchen
+ Puderzucker zum Bestäuben

TIPP — *Zu dem Parfait passt eine heiße Himbeersauce: 250 g tiefgekühlte Himbeeren mit 1 TL Zitronensaft und 2 EL Zucker erhitzen. Pürieren und nach Belieben frische Beeren untermischen.*

WEIHNACHTLICHES VANILLEEIS
MIT ZIMTÄPFELN

ZUBEREITUNG

01. Für die Vanillesauce die Milch mit der Sahne und Zucker in einem Topf unter Rühren aufkochen lassen, vom Herd nehmen. Die Eier mit den Eigelben und dem Vanillezucker mit dem Schneebesen im heißen Wasserbad schaumig rühren. Langsam die heiße Sahnemilch unterrühren und mit dem Teigschaber beständig von der Schüsselwand zur Mitte hin rühren, bis die Masse schön cremig ist. Das nennt man "zur Rose abziehen". Vom Herd nehmen und abkühlen lassen.

02. Für die Zimtäpfel den Zitronensaft mit ¼ l Wasser, der Zimtstange und dem Zucker aufkochen lassen. Die Äpfel vierteln, schälen und die Kerngehäuse entfernen. Die Apfelviertel in den Sud legen, erneut aufkochen und etwa 2 Minuten köcheln lassen. Dann vom Herd nehmen und abkühlen lassen.

03. Etwa 4 bis 5 Apfelviertel klein schneiden und auf Dessertgläser verteilen. Etwas Vanillesauce darübergießen, je 1 Kugel Vanilleeis daraufsetzen und mit den übrigen Apfelvierteln bedecken. Restliche Vanillesauce angießen, mit etwas Zimt bestäuben und nach Belieben mit Zimtstangen garniert servieren.

ZUTATEN
FÜR 4 PERSONEN

FÜR DIE VANILLESAUCE:
+ **200 ml Milch**
+ **200 g Sahne**
+ **2 EL Zucker**
+ **2 Eier**
+ **3 Eigelb**
+ **2 EL Vanillezucker**

FÜR DIE ZIMTÄPFEL:
+ **Saft von 1 Zitrone**
+ **1 Zimtstange**
+ **70 g Zucker**
+ **4 Äpfel**
+ **4 Kugeln Vanilleeis**

AUSSERDEM:
+ **Zimtpulver zum Bestäuben**

TIPP — *Natürlich passen auch andere Eissorten, wie Schokolade oder Stracciatella. Eine angenehme Schärfe erhalten die Äpfel, wenn Sie dem Sud ein walnussgroßes Stück Ingwer hinzufügen.*

EISTORTE
MIT HIMBEEREN UND MACARONS

ZUBEREITUNG

01. Die Pistazien im Blitzhacker fein zerkleinern und mit dem Sirup mischen. Die Himbeeren mit dem Stabmixer pürieren. Die Zitrone heiß waschen, trocken reiben, die Schale fein abreiben und den Saft auspressen. Den Frischkäse mit dem Quark, dem Zucker und dem Vanillezucker glatt rühren. Den Zitronensaft und -schale unterrühren.

02. Die Kuvertüre grob hacken und in einer Metallschüssel im heißen Wasserbad schmelzen. Die Eier trennen und die Eigelbe mit dem Himbeergeist ebenfalls im heißen Wasserbad cremig schlagen. Die Eimasse aus dem Wasserbad nehmen und die geschmolzene Schokolade unterrühren.

03. Die Schokoladencreme in der Metallschüssel in Eiswasser kalt schlagen. Die Frischkäsecreme unterziehen. Die Sahne und die Eiweiße getrennt steif schlagen und nacheinander unter die Frischkäse-Schoko-Creme heben.

04. Die Springform mit Frischhaltefolie auslegen. Den Boden mit der Frischkäse-Schoko-Creme bedecken, die Löffelbiskuits grob zerbröseln und darauf verteilen. Die Biskuits mit 2 EL Himbeerpüree und etwas gemahlenen Pistazien bestreichen und nach Belieben noch etwas Pistaziensirup darüberträufeln. Eine weitere Schicht Creme einfüllen, wieder mit Himbeeren und Pistazien bedecken. So weiterverfahren, bis die Zutaten aufgebraucht sind. Zum Schluss vorsichtig eine Gabel durch die Schichten ziehen, sodass eine Marmorierung entsteht. Die Torte mindestens 5 Stunden ins Tiefkühlfach stellen.

05. Die Eistorte etwa 10 Minuten vor dem Servieren aus dem Gefrierfach nehmen, auf eine Platte stürzen, die Form lösen und die Frischhaltefolie entfernen. Die Macarons rundum an die Torte drücken, das letzte daraufsetzen. Die Eistorte mit Pistazien und nach Belieben mit Himbeeren garnieren.

ZUTATEN FÜR 1 SPRINGFORM (22 CM DURCHMESSER)

+ 50 g Pistazien
+ 2 EL Pistaziensirup
+ 200 g Himbeeren (tiefgekühlt)
+ 1 Bio-Zitrone
+ 250 g Frischkäse
+ 250 g Speisequark
+ 70 g Zucker
+ 1 EL Vanillezucker
+ 150 g weiße Kuvertüre
+ 3 Eier
+ 2 EL Himbeergeist
+ 300 g Sahne
+ 5—8 Löffelbiskuits
+ 16 bunte Macarons (Fertigprodukt)

AUSSERDEM:

+ gehackte Pistazien zum Garnieren

REZEPTREGISTER

IMPRESSUM

© **ZS VERLAG GmbH**
Kaiserstraße 14b
D-80801 München

ISBN 978-3-89883-598-5
2. Auflage 2017

Projektleitung: Katharina Wolf, Natalia Fischer
Lektorat: ZS-Team
Grafik Design & Artdirection: Seidldesign
Grafik & Satz: Irene Schulz, Kerstin Duben
Herstellung: Peter Karg-Cordes
Producing: Jan Russok
Druck & Bindung: Neografia, Martin

Die ZS Verlag GmbH ist ein Unternehmen der Edel AG, Hamburg.
www.zsverlag.de | www.facebook.de/zsverlag

BILDNACHWEIS

Umschlag: STOCKFOOD: L. Ellert: vorne; FoodPhotography Eising:
hinten (l.); Eising Studio|Food Photo & Video: hinten (M.); Food-
collection: hinten (r.)
Innenklappen: STOCKFOOD: Eising Studio|Food Photo Video: hinten;
Westend61 (01); Gräfe & Unzer/Fotos mit Geschmack (02); R. Cas-
tilho (03); C. Mick (04); V. Firmston (05); Eising Studio|Food Photo &
Video (06); Sporrer/Skowronek (07); D. Weiner (08)
Außenklappe: ZS Verlag/Kramp Gölling
Innenteil: STOCKFOOD: A. Ahnefeld: 88; Ch. Alack: 81; O. Brachat: 15,
16, 65, 77; S. Brooks-Dammann: 98; R. Castilho: 119; L. Ellert: 99 (Aus-
schnitt aus Cover) Eising Studio|Food Photo & Video: 2 (l.), 2 (o.), 17,
20, 29, 33, 35, 37, 55, 59, 71, 97, 103, 107; S. Eising: 2 (u.), 9, 19, 41, 45,
47, 52, 57, 63, 83, 93, 111, 113, 115, 121; L. Ellert: 80, 99; és-cuisine: 125;
E. Esprit: 109; Food Expert Group: 30, 43, 44; FoodPhotography Eising:
2 (r.), 7, 12, 23, 24, 60, 69, 85, 87, 108, 116, 117; Foodcollection: 13, 48; A.
Fritz: 27; I. Garlick: 75, 89; Great Stock!: 11; W. Heinze: 73; A. Hrbková:
79; Johnér: 95; Keller & Keller Photography: 8; J. Kirchherr: 25, 53, 105;
A. Lanneretonne: 123; L. Lister: 61; Ch. Meier: 102; Reavell Creative
Ltd.: 49; Strehlau-Ferfers: 51; Studio Lipov: 21; Teubner Foodfoto
GmbH: 31; S.Vogt: 101; B. Winkelmann: 74